Beate Strecker

Low-Carb-Backen für den Alltag

22 kohlenhydratarme, einfache und 100 % funktionierende Rezepte für Kuchen und Kekse

Inhalt

Rezepte

Low-Carb-Backen: Mit wenig Kohlenhydraten und wenig Aufwand – dafür mit Geling- und Genussgarantie

Vielleicht geht es Ihnen wie mir: Sie möchten kohlenhydratbewusst (Low-Carb) leben, aber gleichzeitig hin und wieder ein Stück Kuchen oder ein paar Plätzchen genießen. Dann wird es Sie sicher freuen, dass Sie in diesem Ratgeber 22 Rezepte für Kuchen, Torten, Muffins und (Weihnachts-)Gebäck finden, die richtig lecker sind und dennoch nicht zur Kohlenhydratfalle werden.

Bei der Entwicklung meiner Rezepte standen eine einfache Handhabung und ein gutes Gelingen im Vordergrund. Selbstverständlich war es auch mein Ziel, den Kohlenhydratanteil – entsprechend der Low-Carb-Ernährungsweise – möglichst gering zu halten und weder Haushaltszucker noch Weißmehl zu verwenden. Zudem lag mir ein guter Geschmack am Herzen. Schließlich sollen auch Low-Carb-Kuchen und -Gebäcke schmecken wie normal zubereitet und nicht nach Diät und Verzicht. Und zu guter Letzt war bei der Entstehung meiner Rezepte auch die Weihnachtszeit ein wichtiges Thema, da sie für mich ohne Plätzchen undenkbar ist.

Kurz gesagt: Sie finden in diesem Buch keine aufwendigen Backkreationen, sondern Rezepte, die absolut alltagstauglich sind, für die Sie nur wenige Zutaten benötigen, die sich schnell umsetzen lassen und die absolut leckere Ergebnisse hervorbringen.

Alle Rezepte wurden von mir persönlich mit größter Sorgfalt entwickelt und werden bei mir zu Hause häufig gebacken. Sie schmecken meiner ganzen Familie, sogar meiner kleinen Tochter. Zudem werden Sie ganz schnell merken: Auch Menschen, die sich nicht nach dem Low-Carb-Prinzip ernähren, werden begeistert sein.

Ich wünsche Ihnen nun viel Freude beim Nachbacken und Genießen.

Herzliche Grüße
Ihre Beate Strecker

Low-Carb

Low-Carb (aus dem Englischen von low = niedrig und carb als Abkürzung von carbohydrates = Kohlenhydrate) steht für eine bewusste Einschränkung des täglichen Kohlenhydratverzehrs – insbesondere zucker- und stärkehaltiger Nahrungsmittel –, um Blutzuckerspitzen und -schwankungen sowie hohe Insulinspiegel zu vermeiden: gut gegen Heißhungerattacken und günstig für den Stoffwechsel.

Weniger Kohlenhydrate bedeuten weniger Gewicht und dafür mehr Gesundheit und Wohlbefinden. Wir sagen Ihnen auch warum: Die Kohlenhydrate, die wir essen, lassen unseren Blutzucker ansteigen. Das veranlasst die Bauchspeicheldrüse, das blutzuckersenkende Hormon Insulin auszuschütten. Je mehr Kohlenhydrate wir essen und je schneller der Blutzuckerspiegel ansteigt (etwa nach dem Verzehr besonders blutzuckerwirksamer Lebensmitteln wie Weißbrot, Süßigkeiten oder gesüßten Getränken), umso mehr Insulin wird benötigt, um den Blutzucker wieder auf ein normales Niveau zu senken.

Sinkt der Blutzuckerspiegel nach einem schnellen Anstieg rasant wieder nach unten, löst das ein Heißhungergefühl aus. Die Folge: Noch mehr Kohlenhydrate, die Blutzucker- und Insulinspiegel in die Höhe treiben, und die – wenn die Zuckerspeicher bereits voll sind und sie nicht durch Bewegung verbraucht werden – als Fett gespeichert werden. Hohe Insulinspiegel verhindern zudem, dass Körperfett verbrannt wird. Moderne Low-Carb-Ernährungsformen zeichnen sich durch eine optimale Nährstoffversorgung bei guter, lang anhaltender Sättigung und geringer Energiedichte aus.

Low-Carb → LOGI

Das gilt auch für die wissenschaftlich fundierte und sehr alltagstaugliche LOGI-Methode. LOGI steht für Low Glycemic and Insulinemic Diet, eine Ernährungsweise, die einen niedrigen Blutzucker- und Insulinwert fördert. Sie zählt mit einem Kohlenhydratanteil von 20 bis 30 Prozent der Gesamtenergie zu den moderaten Formen der Low-Carb-Ernährung. Je nach Gesundheitszustand und körperlicher Aktivität liegen die Kohlenhydratempfehlungen bei etwa 80 bis 130 Gramm pro Tag. Dafür gibt es bei LOGI mehr Eiweiß und gesunde Fette sowie jede Menge Vitalstoffe.

Die LOGI-Methode bietet beste Voraussetzungen für eine nachhaltige Reduktion und anschließende Stabilisierung des Körpergewichts und ist besonders für Menschen mit Stoffwechselstörungen wie Insulinresistenz, Typ-2-Diabetes, metabolisches Syndrom, erhöhten Blutfetten oder Fettleber geeignet. Das Gute daran: Der Stoffwechsel kommt mit LOGI auch ohne Gewichtsabnahme wieder ins Lot. Grundsätzlich ist diese Form der Ernährung für jedermann geeignet, der sich gesund, ausgewogen und genussvoll ernähren und Stoffwechselentgleisungen vorbeugen möchte.

Basis der LOGI-Ernährung (Stufe 1 der LOGI-Pyramide) sind kalorien- und kohlenhydratarme Lebensmittel mit einem hohen Wasser- und Ballaststoffgehalt wie Gemüse, Salate und Pilze, die häufig verzehrt werden können und sollen. Hinzu kommen zuckerarme Obstarten wie Beeren sowie fettreiche Avocados, Nüsse und Saaten und – ganz wichtig! – hochwertige Fette und Öle. Jede Mahlzeit wird zudem mit einer Portion eines eiweißreichen Lebensmittels ergänzt, z.B. Eier, Fisch, Milchprodukte, Hülsenfrüchte, Fleisch und Käse (Stufe 2 der LOGI-Pyramide).

Auch auf klassische Sättigungsbeilagen wie Brot, Kartoffeln, Nudeln oder Reis (Stufe 3 der LOGI-Pyramide) brauchen Sie nicht gänzlich zu verzichten, sollten diese aber eher selten und maßvoll essen – bevorzugt in der Vollkornvariante. Noch sparsamer sollten Sie mit »leeren Kohlenhydraten« wie Zucker, Weißmehl und daraus hergestellten Backwaren, Süßigkeiten und süßen Getränken (Stufe 4 der LOGI-Pyramide) umgehen. Sie lassen den Blutzucker in die Höhe schnellen, machen eher hungrig als satt, sind meist kalorienreich und haben kaum Vitalstoffe an Bord.

INFO: Nicht nur die Frage, wie schnell oder langsam die Kohlenhydrate den Blutzucker ansteigen lassen, ist entscheidend, sondern auch die Menge der verspeisten Kohlenhydrate. Sie entscheidet darüber, wie viel Insulin von der Bauchspeicheldrüse ausgeschüttet werden muss.

Mein Weg zu Low-Carb und zu diesem Ratgeber

Ich bin 45 Jahre alt, verheiratet, Hausfrau und Mutter einer siebenjährigen Tochter und beschäftige mich schon lange mit dem Thema Low-Carb. Anfangs ging es dabei in erster Linie ums Abnehmen. Mittlerweile ist für mich jedoch viel mehr daraus geworden: Ich lebe Low-Carb aus purer Überzeugung. Über die Jahre hinweg habe ich vielfältige Erfahrungen gesammelt und möchte nun einen Teil davon – meine selbst entwickelten, alltagserprobten Backrezepte – an Sie weitergeben: **aus dem Alltag für den Alltag.**

So fing alles an

Im Laufe der Zeit brachte ich – wie viele von Ihnen vielleicht auch – unzählige Diätversuche hinter mich, die alle mehr oder weniger erfolglos endeten. Sicher gelang es mir anfangs durchaus, einige Kilos abzunehmen. Die waren jedoch schneller wieder drauf, als mir lieb war. Trotzdem wollte ich nicht aufgeben und mein persönliches Wunschgewicht erreichen.

So stieß ich irgendwann – eher per Zufall – auf die Low-Carb-Ernährung, bei der die tägliche Kohlenhydratmenge bewusst eingeschränkt wird; je nach Ansatz mehr oder weniger rigoros (20 bis 130 Gramm Kohlenhydrate pro Tag). Ich begann mit einer ketogenen Ernährung (siehe Info) mit maximal 20 Gramm Kohlenhydraten pro Tag. Da es für mich im Alltag jedoch etwas schwierig war, danach zu leben, ich mich aber weiterhin Low-Carb ernähren wollte, beschloss ich, die Kohlenhydratmenge nicht mehr so drastisch zu reduzieren und bei meinem maßvollen Plus an Kohlenhydraten auf eine gute Kohlenhydratqualität zu achten. So fanden wieder Lebensmittel Platz in meinem Speiseplan, die zwar Kohlenhydrate enthalten, den Blutzucker jedoch nur langsam ansteigen lassen. Heute lebe ich persönlich nach der Faustformel, ein Gramm Kohlenhydrate pro Kilogramm Körpergewicht.

INFO: Bei einer ketogenen Ernährung werden durch die drastische Reduzierung der Kohlenhydrate – je nach individueller Ketoseschwelle 20 bis maximal 50 Gramm Kohlenhydrate pro Tag – von der Leber aus Fetten Ketone gebildet, die als Energielieferanten dienen und zudem unsere Zellen vor schädigenden Einflüssen schützen[1].

Je intensiver ich mich mit dem Thema Low-Carb befasste, umso mehr war ich davon überzeugt, dass Low-Carb viel mehr ist als Abnehmen. Mein gesundheitliches Wohlbefinden verbesserte sich seither erheblich. Bei meiner Suche nach geeigneten

1 Quelle: KetoKüche zum Genießen, Bettina Matthaei, Ulrike Gonder, 2013–2014, systemed Verlag, Lünen

Low-Carb-Rezepten stieß ich jedoch rasch an meine Grenzen: Aufgrund der vielen verschiedenen Zutaten, die dort zum Einsatz kamen, wurde mein Vorratsschrank immer voller. Die meisten Rezepte waren mir außerdem zu umständlich und aus meiner Sicht nicht wirklich alltagstauglich. Backrezepte fand ich kaum, schon gar keine für Kuchen und Plätzchen, die auch meiner kleinen Tochter schmecken.

So kam ich auf die Idee, meine eigenen Rezepte zu entwickeln. Sie sollten alltagstauglich sein, von jedem ganz einfach umgesetzt werden können, ohne dafür stundenlang in der Küche stehen zu müssen und mit einer überschaubaren Menge an Grundzutaten auskommen, was Einkauf und Vorratshaltung erheblich erleichtert. Da ich selbst gänzlich auf Zucker und Weizen verzichte, sind auch meine Rezepturen entsprechend gestaltet.

Es folgten unzählige Backversuche, mit teilweise ungenießbaren Ergebnissen. Mein Umfeld musste so einiges ertragen. Aber ich gab nicht auf, versuchte und probierte immer wieder. Bis mir schließlich Rezepte gelangen, die auch vor meinen härtesten Kritikern, meiner Familie, bestanden.

Alle Rezepte passen perfekt in eine Low-Carb-Ernährung und schmecken auch Menschen, die sich »normal« ernähren. Ein wesentlicher Vorteil: Der Vorratsschrank platzt nicht aus allen Nähten, denn man benötigt lediglich ein paar wenige Low-Carb-spezifische Zutaten. Diese sind mitunter etwas teurer, aber die verwendeten Mengen halten sich in Grenzen, und so wird auch der Geldbeutel nicht über Gebühr belastet.

ÜBRIGENS: Mein Wunschgewicht habe ich inzwischen längst erreicht und mit der Low-Carb-Ernährung ca. 20 Kilo abgenommen. Aus Überzeugung möchte ich jedoch weiter nach Low-Carb leben.

Leckere Kuchen und Gebäck – mit wenigen Kohlenhydraten, aber viel Genuss

Klassische Backrezepte sind meist Kohlenhydratbomben. Ein Stück Donauwelle (100 Gramm) schlägt erbarmungslos mit 33 Gramm Kohlenhydrate zu Buche, ein Stück Schwarzwälder Kirschtorte (140 Gramm) gleich mit 55 Gramm Kohlenhydrate und auch bei einer Portion Gewürzkuchen (60 Gramm) müssen Sie mit bis zu 30 Gramm Kohlenhydraten[2] rechnen.

Nicht so bei den Rezepten aus diesem Ratgeber. Hier wurden kohlenhydratreiche Zutaten – allen voran Zucker und Weißmehl – durch kohlenhydratarme ersetzt und die Kohlenhydratbilanz kann sich sehen lassen. Vergleichbare Kuchen enthalten so nur rund ein Fünftel der Kohlenhydratmenge, und das bei vollem Geschmack.

Aber Achtung: Das bedeutet nicht, dass Sie sich in Zukunft mit Kuchen und Plätzchen den Bauch vollschlagen sollen. Vielmehr verstehen sich die Low-Carb-Backrezepte als Möglichkeit, hin und wieder ein Stück Kuchen genießen zu können, ohne dabei den Blutzucker in Wallung zu bringen und die Insulinproduktion auf Hochtouren laufen zu lassen.

INFO: Bei der Entwicklung der Rezepte wurde auf zum Teil umstrittene Zutaten wie Weizenkleber oder Sojamehl verzichtet.

2 Quelle für die Kohlenhydratmengen: Kalorien mundgerecht, Umschau Verlag

Süßungsmittel Xylit

Der Zuckeraustauschstoff Xylit, häufig auch als Birkenzucker bezeichnet, ist chemisch betrachtet ein Zuckeralkohol (nicht vergleichbar mit alkoholischen Getränken) und wird aus Holz (ursprünglich Birkenholz, inzwischen vor allem Buchenholz) oder Mais hergestellt. Xylit wird insulinunabhängig verstoffwechselt, beeinflusst den Blutzuckerspiegel nur minimal und ist daher auch (ohne Anrechnung!) für Diabetiker geeignet. Der glykämische Index von Xylit liegt bei 7, ist also extrem niedrig.

Bei gleicher Süßkraft wie Haushaltszucker liefert Xylit rund 40 Prozent weniger Kalorien. Wem das immer noch zu viel ist, der kann auch das kalorienfreie Erythrit verwenden. Hier ist jedoch die Süßkraft um 20 bis 40 Prozent niedriger. Mehr als 0,5 Gramm Xylit pro Kilogramm Körpergewicht können abführend wirken. Das wären bei einer Frau mit einem Gewicht von 60 Kilogramm etwa 30 Gramm Xylit pro Tag. Zum Vergleich: Für die Kuchen in diesem Ratgeber werden höchstens 90 Gramm Xylit verwendet, also bis auf wenige Ausnahmen maximal zehn Gramm pro Kuchenstück. Bei den Plätzchen sind es pro Stück etwa ein bis zwei Gramm. Anders als bei anderen Zuckeraustauschstoffen, gibt es bei Xylit auch einen Gewöhnungseffekt, d. h. der Körper verträgt im Laufe der Zeit etwas mehr davon, ohne mit Darmproblemen zu reagieren. Xylit sieht optisch aus wie normaler Zucker und kann auch genauso verwendet werden.

Somit eignet es sich hervorragend zum Backen und liefert ein entsprechendes Volumen, das für viele Teigarten erforderlich ist. Um den Zutaten-»Fuhrpark« möglichst klein zu halten, wurde bei den Rezepten ausschließlich Xylit verwendet.

Achtung Hundebesitzer! Xylit ist für Hunde gesundheitsschädlich und ab fünf Gramm sogar tödlich. Zwar gehören Kuchen und Plätzchen eher nicht auf den Speiseplan Ihres Hundes. Um jedoch auszuschließen, dass Ihr Hund Xylit zu sich nimmt – etwa wenn er heimlich ein Stück Kuchen stibitzt – können Sie statt Xylit das unbedenkliche Erythrit verwenden.

INFO: Xylit ist unserem Organismus übrigens nicht fremd. Wir nehmen es in geringen Mengen über Obst und Gemüse zu uns und es wird auch im Körper selbst hergestellt. Aufgrund seiner antikariogenen Wirkung wird es auch zur Zahnprophylaxe eingesetzt.

TIPP: Puderzucker aus Xylit lässt sich im Küchenmixer hervorragend selbst herstellen (siehe auch Seite 20). Das spart Geld und Sie brauchen keine weitere Extrazutat.

Ersatz für Weizenmehl

Mandelmehl enthält nur etwa sieben bis zwölf Gramm Kohlenhydrate pro 100 Gramm (die Werte variieren je nach Hersteller und Produkt). Weizenmehl hat im Vergleich dazu 72 Gramm Kohlenhydrate pro 100 Gramm. Viele verwechseln Mandelmehl fälschlicherweise mit sehr fein gemahlenen Mandeln. Dem ist jedoch nicht so. Mandelmehl wird aus dem Presskuchen gewonnen, der bei der Mandelölgewinnung übrig bleibt. Somit wird auch der Ausdruck »entölt« verständlich, denn das Öl wurde bereits vorher aus den Mandeln gepresst. Der verbleibende Pressku-

chen wird im weiteren Verarbeitungsschritt sehr fein gemahlen. Mandelmehl ist fast so fein wie Weißmehl und sowohl in hell als auch in braun erhältlich. Hell bedeutet, es wurde aus zuvor blanchierten Mandeln gewonnen. Helles Mandelmehl ist für helle Teige aufgrund der Optik prinzipiell besser geeignet. Sie können jedoch genauso gut das dunklere Mandelmehl verwenden. Mandelmehl ist übrigens glutenfrei.

Das in den Rezepten dieses Ratgebers verwendete **Kokosmehl** enthält vier Gramm Kohlenhydrate pro 100 Gramm. Es gibt jedoch auch Sorten mit 20 bis 26 Gramm Kohlenhydrate pro 100 Gramm, wodurch sich der Gesamtkohlenhydratanteil erhöht, im Vergleich zu Backwaren mit Mehl jedoch noch immer erheblich geringer ist. Beim Kokosmehl verhält es sich ähnlich wie beim Mandelmehl. Das Kokosnussfleisch wird getrocknet und gepresst. So entsteht das Kokosöl. Der übrig gebliebene Pressballen wird sehr fein gemahlen und so das Kokosmehl gewonnen. Kokosmehl ist wie Mandelmehl glutenfrei.

Im Vergleich zu herkömmlichen Weißmehl sind Mandel- und Kokosmehl um einiges teurer. Allerdings wurde bei den Rezepten auf eine Verwendung vergleichsweise geringer Mengen geachtet, sodass sich der Preis pro Kuchenstück dennoch in Grenzen hält.

In zwei Rezepten wurde aus backtechnischen Gründen **Dinkelmehl** verwendet. Die verwendeten Mengen sind sehr niedrig und lassen somit auch eine vergleichsweise geringe Blutzuckerwirksamkeit erwarten. Für die Terrassenkekse von Seite 58 werden z. B. 50 Gramm Dinkelmehl benötigt, was einer Kohlenhydratmenge von unter einem halben Gramm pro Keks entspricht; bei den Mandelcookies von Seite 36 ist es noch weniger. Im Vergleich zu Weizenmehl hat Dinkelmehl einen mini-

mal geringfügigeren Kohlenhydratanteil und – weil (bislang) noch nicht so hochgezüchtet wie Weizen – einen niedrigeren Glutengehalt. Dafür enthält es mehr Eiweiß, Vitamine und Mineralstoffe.

Johannisbrotkernmehl wird aus dem Samen des Johannisbrotbaumes gewonnen und in der Küche als Bindemittel für Speisen aller Art und ebenso für Teige verwendet. Nur wenige Gramm (ein leicht bis stark gehäufter Teelöffel – drei bis sechs Gramm) reichen aus, um einen Teig zu binden. Johannisbrotkernmehl ist glutenfrei und geschmacksneutral. Es kann vom Körper nur teilweise verdaut werden und fungiert deshalb als Ballaststoff.

Guarkernmehl wird aus dem Samen der Guarpflanze gewonnen. Wie Johannisbrotkernmehl dient es in der Küche als Bindemittel für viele Speisen und Teige. Auch hier reichen wenige Gramm aus, um einen Teig abzubinden. Guarkernmehl eignet sich aufgrund seiner Eigenschaften besonders gut für Knet- oder Mürbeteige. Wie Johannisbrotkernmehl ist auch Guarkernmehl glutenfrei und geschmacksneutral.

Zimt

Die Rezepte lassen sich mit vielen verschiedenen Gewürzen und Aromen verfeinern. An dieser Stelle soll lediglich Zimt aufgrund seiner positiven Eigenschaften hervorgehoben werden. Zimt kurbelt den Stoffwechsel an – mit wärmender Wirkung und gut, wenn es ums Abnehmen geht. Er wirkt sich zudem günstig auf Blutzuckerspiegel und Blutfettwerte aus, soll bei Magen- und Verdauungsbeschwerden helfen und u. a. auch antibakteriell wirken. Das macht ihn perfekt für den ganzjährigen Einsatz und nicht nur zur Weihnachtszeit – nicht zuletzt natürlich auch wegen seines einzigartigen Geruchs und Geschmacks.

Früchte/Beeren

In einigen Rezepten kommen Früchte oder Beeren zum Einsatz. Aufgrund des Zuckergehalts (Traubenzucker und Fruchtzucker) sollte die Menge von zwei Portionen Obst pro Tag nicht überschritten werden. Darunter fallen natürlich auch die Früchte und Beeren in Kuchen, Torten und Muffins. Fruchtzucker wird im Gegensatz zu Traubenzucker insulinunabhängig verstoffwechselt und beeinflusst Blutzucker- und Insulinspiegel nicht. Eine erhöhte Aufnahme von Fruchtzucker hat jedoch unerwünschte Effekte: etwa mehr Appetit, ein Anstieg der Triglyzeride, Leberverfettung oder Gicht. Beeren haben überwiegend weniger Kohlenhydrate und – nicht zuletzt aufgrund des vergleichsweise hohen Ballaststoffanteils – eine geringere Blutzuckerwirksamkeit als andere Früchte. Sollten Sie also statt der Beeren andere Obstarten verwenden, können auch der Kohlenhydratgehalt und der Blutzuckeranstieg entsprechend höher ausfallen.

Kohlenhydratgehalt verschiedener Obstarten im Vergleich

Lebensmittel	Kohlenhydrate pro 100 g
Himbeeren, frisch/gefroren	4,8/7,0 g
Erdbeeren, frisch/gefroren	5,2/5,5 g
Heidelbeeren, frisch/erntefrisch gefroren	7,4/7,7 g
Aprikosen, frisch	8,5 g
Pfirsich, frisch	8,9 g
Kiwi, frisch	9,1 g
Mandarinen, Glas/Dose, ungezuckert	10,1 g
Apfel, Braeburn	11,4 g
Sauerkirschen, gefroren	12,0 g
Ananas, frisch	12,4 g
Mandarinen, Dose, leicht gezuckert	15,5 g
Weintrauben, weiß und rot	15,6 g

Quelle: http://fddb.info/

Schokolade

Je höher der Kakaoanteil, desto weniger Zucker ist in der Schokolade enthalten. In den Rezepten wird deshalb Schokolade mit einem Kakaoanteil von 85 Prozent empfohlen. Wer es bitterer mag, kann auch Schokolade mit einem noch höheren Kakaoanteil verwenden und so weitere Kohlenhydrate einsparen. Wissenschaftliche Studien konnten übrigens für den Verzehr von Schokoladensorten mit einem Kakaoanteil über 70 Prozent eine blutdrucksenkende Wirkung nachweisen.

INFO: **Inzwischen gibt es auch Schokolade mit Xylit auf dem Markt. Sie schmeckt weniger bitter und ist dennoch kohlenhydratarm.**

Praktische Tipps zum Gelingen der Rezepte

Bei allen Rezepten wurde darauf geachtet, dass diese nicht zu süß sind. Wer mag, kann die Menge an Xylit zusätzlich noch ein wenig reduzieren oder das weniger süße Erythrit verwenden.

Etliche Kuchen sind gefriertauglich, etwa der Nusskuchen (Seite 28), der Apfelkuchen (Seite 22), der Bisquitboden (Seite 24), der Schokoladenkuchen (Seite 32), die Kirschmuffins (Seite 34) oder auch der Boden der Vanilletörtchen (Seite 50).

Die meisten Rezepte sind auf eine 18-cm-Springform ausgelegt. Der Grund: Für viele Haushalte wäre ein großer Kuchen einfach zu viel. Für eine 26-cm-Springform müssten Sie die jeweilige Rezeptur einfach verdoppeln. Dadurch ändern sich auch die Backzeiten. Hier lässt sich keine pauschale Aussage treffen. Um die genauen Backzeiten herauszufinden, bedarf es ein wenig Eigeninitiative: Behalten Sie den Kuchen nach Ablauf der für die kleine Backform angegebenen Zeit im Auge und ermitteln Sie anhand der Stäbchenprobe, wann der Kuchen fertig ist. Aufschreiben nicht vergessen, damit Sie beim nächsten Mal die angepasste Backzeit noch wissen.

In manchen Rezepten wird gemahlenes Xylit verwendet. Dazu müssen Sie nicht unbedingt fertigen Xylit-Puderzucker kaufen, da dieser im Verhältnis teurer ist. Der Puderzucker lässt sich auch ganz einfach selbst herstellen: Geben Sie das Xylit in einen Multizerkleinerer (Mixer) und zermahlen Sie es darin. Das funktioniert hervorragend und die Konsistenz eignet sich gut für die entsprechenden Rezepte.

Beim Mahlgrad von Mandelmehl gibt es sehr große Unterschiede. Bei der Verwendung von Mandelmehl in den Rezepten dieses Ratgebers wurde ausschließlich sehr feines Mandelmehl verwendet. Kaufen Sie entweder ebenfalls sehr feines Mandelmehl oder probieren Sie selbst aus, wie das Backergebnis bei gröberem Mehl wird.

Die Mengen an Johannisbrotkernmehl und Guarkernmehl sind in Gramm und Teelöffeln angegeben. Hier sollten die Angaben unbedingt genau eingehalten werden, um ein gutes Backergebnis zu erzielen.

Die meisten Zutaten sind in einem gut sortierten Supermarkt oder im Bioladen erhältlich oder lassen sich über das Internet bestellen.

Bezugsquellen und Hinweise

- Lupinenshake für das Rezept von Seite 50: www.nutralinea.de
- Verschiedene Backzutaten:
  www.panifactum.de
  www.lcw-shop.de

Hinweis: Die Nährwertangaben unter den Rezepten dienen der ungefähren Orientierung. Je nach verwendetem Produkt (z.B. bei Mandel- oder Kokosmehl), aber auch bei anderen Lebensmitteln können die Inhaltsstoffe variieren. Beim Kokosmehl wurden als Berechnungsgrundlage für die Nährstoffangaben eine Sorte mit vier Gramm Kohlenhydraten pro 100 Gramm verwendet. Sollten Sie sich für ein Kokosmehl mit höherem KH-Anteil (z.B. 22 Gramm Kohlenhydrate pro 100 Gramm) entscheiden, erhöht sich dadurch auch der Gesamtkohlenhydratgehalt der Rezeptur, ebenso der prozentuale Kohlenhydratanteil.

Der Zuckeralkoholgehalt von Xylit wird nicht – wie meist üblich – zusammen mit den anderen Kohlenhydraten angegeben, sondern separat aufgeführt, da er nicht blutzuckerwirksam ist und auch im Rahmen einer Diabetesernährung nicht berechnet werden muss.

Die Berechnungen legen zugrunde, dass aus den Kuchen einer 18-cm-Springform jeweils acht Stücke geschnitten werden. Selbstverständlich können Sie die Kuchen auch in zwölf Stücke schneiden.

Apfelkuchen

Für eine 18-cm-Springform, ergibt 8 Stücke

- 1 großer Apfel, ca. 150 g
- 1 Ei (Größe L)
- 50 g Xylit
- 1 gehäufter TL Backpulver
- 1 leicht gehäufter TL Johannisbrotkernmehl (3 g)
- 100 g gemahlene Mandeln
- etwas Xylit und Zimt

1 Stück Kuchen (ca. 50 g): 115 kcal, 4 g Eiweiß (14 E%), 7,4 g Fett (58,1 E%), 3,7 g Kohlenhydrate (12,7 E%), 7,5 g Zuckeralkohol Xylit (15,2 E%)

01 Backofen auf 175° (Umluft) aufheizen und den Backformboden mit Backpapier bespannen.

02 Apfel waschen, schälen, vierteln, das Kerngehäuse entfernen. Dann in dünne Spalten schneiden.

03 Das Ei schaumig schlagen, Xylit einrieseln lassen und so lange rühren, bis es sich gelöst hat und eine cremige Masse entstanden ist.

04 Dann das Backpulver und das Johannisbrotkernmehl darüber sieben und unterrühren. Zum Schluss die Mandeln unterrühren.

05 Den Teig auf die vorbereitete Springform geben und etwas glatt streichen.

06 Die Apfelspalten kranzförmig darauf verteilen und etwas Xylit mit Zimt darüber streuen.

07 Den Kuchen ca. 30 Minuten backen und anschließend in der Form auskühlen lassen.

Bisquitboden

Für eine 22-cm-Obstkuchenform, ergibt 8 Stücke

- Etwas Butter und Mandelmehl zur Vorbereitung der Form
- 65 g Butter
- 3 Eier (Größe L)
- 65 g Xylit
- Vanillearoma nach Geschmack
- 75 ml Sahne
- 1 leicht gehäufter TL Johannisbrotkernmehl (3 g)
- 1 gehäufter TL Backpulver
- 60 g Mandelmehl

1 Stück Kuchen ohne Belag (ca. 60 g): 170 kcal, 7,3 g Eiweiß (17,2 E%), 12,8 g Fett (68,3 E%), 1,4 g Kohlenhydrate (3,3 E%), 8,1 g Zuckeralkohol Xylit (11,2 E%)

01 Backofen auf 175° (Umluft) vorheizen. Die Backform gut einfetten und mit Mandelmehl ausstreuen.

02 Butter vorsichtig schmelzen. Die Eier trennen. Das Eiweiß zu steifem Schnee schlagen und beiseitestellen. Eigelb, Xylit, Butter, Aroma und Sahne so lange verrühren, bis sich das Xylit aufgelöst hat.

03 Johannisbrotkernmehl und Backpulver darüber sieben und zusammen mit dem Mandelmehl unterrühren. Eischnee vorsichtig unterheben, sodass ein luftiger Teig entsteht.

04 Danach in die vorbereitete Backform füllen, etwas glatt streichen.

05 Circa 25 Minuten backen. Sollte er zu dunkel werden, den Boden nach ca. 15 Minuten mit Alufolie abdecken. Noch warm aus der Form stürzen, abkühlen lassen und anschließend nach Belieben belegen.

TIPP: Zum Belegen eignen sich hervorragend Beeren der Saison, zum Beispiel Erdbeeren, Himbeeren, Heidelbeeren oder Brombeeren.

Heidelbeer-Schmand-Kuchen

Für eine 18-cm-Springform, ergibt 8 Stücke

Für den Boden:

- 2 Eier (Größe L)
- 40 g Butter
- 60 g Xylit
- 50 ml Sahne
- Vanillearoma nach Geschmack
- 1 gehäufter TL Backpulver
- 1 leicht gehäufter TL Johannisbrotkernmehl (3 g)
- 40 g Mandelmehl

Für den Belag:

- 150 g gefrorene Heidelbeeren
- 200 ml Sahne
- 2 EL Xylit
- 1 Becher Schmand (24 % Fett)
- 2 Päckchen Sahnesteif

1 Stück Kuchen (ca. 115 g): 275 kcal, 6,3 g Eiweiß (9,2 E%), 22,2 g Fett (73,5 E%), 5,2 g Kohlenhydrate (7,7 E%), 11,3 g Zuckeralkohol Xylit (9,6 E%)

01 Backofen auf 175° (Umluft) vorheizen. Springformboden mit Backpapier bespannen.

02 Eier trennen. Das Eiweiß zu steifem Schnee schlagen und beiseitestellen. Butter vorsichtig schmelzen. Eigelb, Xylit, Butter, Sahne und Aroma so lange rühren, bis sich das Xylit aufgelöst hat.

03 Backpulver und Johannisbrotkernmehl darüber sieben und zusammen mit dem Mandelmehl unterrühren. Eischnee vorsichtig unterheben, damit ein luftiger Teig entsteht.

04 Den Teig in die vorbereitete Springform geben und glatt streichen.

05 Circa 25 Minuten backen. Nach ungefähr 15 Minuten mit Alufolie abdecken, damit der Kuchen nicht zu dunkel wird.

06 Den Kuchen abkühlen lassen, danach aus der Form nehmen und in einen Tortenring geben.

07 Heidelbeeren in einem Sieb etwas antauen lassen.

08 Sahne mit Xylit steif schlagen. Dabei das Xylit erst gegen Ende zufügen. Anschließend den Schmand unterrühren. Dann das Sahnesteif unterrühren bis eine cremige Masse entsteht.

09 Nun die Heidelbeeren vorsichtig unterheben. Die Masse auf den vorbereiteten Boden geben und glatt streichen.

10 Circa 2 Stunden in den Kühlschrank stellen, und danach den Tortenring vorsichtig lösen.

TIPP: Statt Heidelbeeren können Sie auch Himbeeren oder anderes Obst verwenden.

Nusskuchen

Für eine 18-cm-Springform, ergibt 8 Stücke

- 100 g gemahlene Mandeln
- 2 Eier (Größe L)
- 65 g Xylit
- 100 ml Sahne
- Vanillearoma nach Geschmack
- 1 gehäufter TL Backpulver
- 1 leicht gehäufter TL Johannisbrotkernmehl (3 g)
- 25 g Mandelmehl
- 50 g gehackte Mandeln (oder Nüsse nach Wahl)

1 Stück Kuchen (ca. 60 g): 200 kcal, 8,4 g Eiweiß (16,6 E%), 15,7 g Fett (70 E%), 2,1 g Kohlenhydrate (4,1 E%), 8,1 g Zuckeralkohol Xylit (9,3 E%)

01 Backofen auf 175° (Umluft) vorheizen. Den Boden der Springform mit Backpapier bespannen.

02 Gemahlene Mandeln ohne Fett in einer Pfanne leicht rösten und anschließend auskühlen lassen.

03 Eier trennen. Das Eiweiß zu steifem Schnee schlagen und beiseitestellen. Eigelb mit Xylit, Sahne und Vanillearoma so lange rühren, bis sich das Xylit aufgelöst hat.

04 Backpulver und Johannisbrotkernmehl darüber sieben und zusammen mit dem Mandelmehl unterrühren. Zum Schluss den Eischnee zusammen mit den gemahlenen und gehackten Mandeln vorsichtig unterheben, damit ein luftiger Teig entsteht.

05 Teig in die Springform füllen und glatt streichen.

06 Die Backzeit beträgt ca. 30 Minuten. Nach etwa der Hälfte der Backzeit den Kuchen mit Alufolie abdecken, damit er nicht zu dunkel wird.

07 Den Kuchen nach dem Backen in der Form auskühlen lassen.

TIPP: Zusätzlich kann man den fertigen Kuchen mit geschmolzener Schokolade (Kakaoanteil 85 %) bestreichen. Beachten Sie bitte, dass sich dadurch die Nährwertangaben verändern.

Quarkkuchen mit Obst

Für eine 18-cm-Springform, ergibt 8 Stücke

- Etwas Butter für die Form
- 120 g Mandarinen (Abtropfgewicht, aus der Dose, ungezuckert)
- 2 Eier (Größe L)
- 65 g Xylit
- 250 g Quark (20 % Fett)
- 1 EL Sahne
- Vanillearoma nach Geschmack
- 1 gehäufter TL Backpulver
- 1 leicht gehäufter TL Johannisbrotkernmehl (3 g)
- 40 g Kokosmehl

1 Stück Kuchen (ca. 80 g): 120 kcal, 7 g Eiweiß (24 E%), 6,3 g Fett (49,3 E%), 3 g Kohlenhydrate (10,4 E%), 8,1 g Zuckeralkohol Xylit (16,3 E%)

01 Backofen auf 175° (Umluft) vorheizen. Springformboden mit Backpapier bespannen und den Rand einfetten.

02 Mandarinen in einem Sieb abtropfen lassen.

03 Eier trennen. Das Eiweiß zu steifem Schnee schlagen und beiseitestellen. Danach Eigelb, Xylit, Quark, Sahne und Aroma so lange verrühren, bis sich das Xylit aufgelöst hat.

04 Dann das Backpulver und das Johannisbrotkernmehl darüber sieben und unterrühren. Zum Schluss das Kokosmehl unterrühren und anschließend den Eischnee vorsichtig unterheben, damit ein luftiger Teig entsteht.

05 Teig in die vorbereitete Springform geben und etwas glatt streichen. Nun die Mandarinen gleichmäßig darüber verteilen.

06 Circa 40 Minuten backen. Sollte der Kuchen zu dunkel werden, nach etwa der Hälfte der Backzeit mit Alufolie abdecken.

07 Den Kuchen nach dem Backen noch mindestens 1 Stunde in der Form ruhen lassen.

TIPP: Man kann anstelle der Mandarinen auch anderes Obst, zum Beispiel Pfirsiche, verwenden.

Schokoladenkuchen

Für eine 18-cm-Springform, ergibt 8 Stücke

Für den Teig:
- 50 g Schokolade mit 85 % Kakaoanteil
- 2 Eier (Größe L)
- 70 g Xylit
- 2 EL Sahne
- 1 leicht gehäufter TL Johannisbrotkernmehl (3 g)
- 10 g Backkakao
- 1 gehäufter TL Backpulver
- Vanille- oder Rumaroma, etwas Zimt nach Geschmack
- 100 g gemahlene Mandeln

Für die Schokosahne:
- 200 ml Sahne
- 1 Päckchen Sahnesteif
- 1 gestrichener EL Xylit
- 1 gehäufter TL Backkakao

1 Stück Kuchen (ca. 80 g): 250 kcal, 6,75 g Eiweiß (9,6 E%), 23,7 g Fett (75,7 E%), 4,6 g Kohlenhydrate (6,5 E%), 10 g Zuckeralkohol Xylit (8,2 E%)

01 Backofen auf 175° (Umluft) vorheizen, und den Springformboden mit Backpapier bespannen.

02 Schokolade grob hacken und beiseitestellen. Eier trennen. Das Eiweiß steif schlagen und ebenfalls beiseitestellen.

03 Eigelb mit dem Xylit und der Sahne so lange schlagen, bis sich das Xylit aufgelöst hat. Johannisbrotkernmehl, Kakao und Backpulver darüber sieben und zusammen mit dem Aroma und dem Zimt unterrühren.

04 Nun den Eischnee, die Mandeln und die gehackte Schokolade vorsichtig unterheben, sodass ein luftiger Teig entsteht.

05 Teig in die vorbereitete Springform geben und etwas glatt streichen.

06 Circa 35 Minuten backen. Nach etwa 20 Minuten den Kuchen mit Alufolie abdecken, damit er nicht zu dunkel wird.

07 Die Sahne mit dem Sahnesteif steif schlagen. Xylit und Kakao kurz mit unterschlagen.

08 Den ausgekühlten Kuchen beliebig damit verzieren.

Kirschmuffins

Für 9 Muffinförmchen aus Silikon

- Öl für die Förmchen
- 125 g Kirschen (Abtropfgewicht, aus dem Glas, ungesüßt)
- 3 Eier (Größe L)
- 65 g Xylit
- 2 EL Sahne
- Zimt nach Geschmack
- 1 stark gehäufter TL Johannisbrotkernmehl (6 g)
- 1 Päckchen Backpulver
- 10 g Backkakao
- 25 g Kokosmehl
- 125 g gemahlene Mandeln

1 Muffin (ca. 70 g): 170 kcal, 6,9 g Eiweiß (16,5 E%), 12,1 g Fett (65,5 E%), 3,3 g Kohlenhydrate (7,9 E%), 7,2 g Zuckeralkohol Xylit (10,1 E%)

01 Backofen auf 175° (Umluft) vorheizen. Muffinförmchen mit etwas Öl einpinseln.

02 Kirschen in einem Sieb abtropfen lassen.

03 Die Eier trennen. Das Eiweiß zu steifem Schnee schlagen und beiseitestellen. Eigelb mit Xylit, Sahne und Zimt so lange rühren, bis sich das Xylit etwas aufgelöst hat.

04 Johannisbrotkernmehl, Backpulver und den Kakao darüber sieben und mit dem Kokosmehl unterrühren.

05 Nun den Eischnee und die Mandeln vorsichtig unterheben, sodass ein luftiger Teig entsteht. Zum Schluss die Kirschen unterziehen.

06 Den Teig in 9 vorbereitete Muffinförmchen verteilen, anschließend ca. 25 Minuten backen. Muffins in den Förmchen auskühlen lassen.

Mandelcookies

Ergibt ca. 40 Stück

- 65 g Xylit
- 130 g gemahlene Mandeln
- 25 g gehackte Mandeln
- 30 g Mandelmehl
- 1 gehäufter TL Backpulver
- 15 g Dinkelmehl (Typ 630)
- 1 stark gehäufter TL Guarkernmehl (6 g)
- 75 g zimmerwarme Butter
- 1 Ei (Größe L)
- Vanillearoma nach Geschmack

1 Plätzchen (ca. 10 g): 45 kcal, 1,6 g Eiweiß (13,5 E%), 3,9 g Fett (73,5 E%), 0,6 g Kohlenhydrate (5 E%), 1,6 g Zuckeralkohol Xylit (8 E%)

01 Backofen auf 175° (Umluft) vorheizen. Das Backblech mit Backpapier belegen.

02 Xylit im Küchenmixer fein mahlen.

03 Gemahlene und gehackte Mandeln, Xylit und das Mandelmehl in eine Schüssel geben. Backpulver, Dinkel- und Guarkernmehl darüber sieben Alles gut vermischen. Butter, Ei und Vanillearoma zugeben. Alles zu einem Teig verarbeiten.

04 Den Teig zu einer Kugel formen und für ca. 15 Minuten in den Kühlschrank stellen.

05 Nun den Teig zu einer ca. 4 cm dicken Rolle formen, dünne Scheiben (nicht ganz 1 cm dick) abschneiden und diese auf das Backblech legen. Der Teig ist relativ weich. Deshalb werden die Cookies eher oval.

06 Circa 10 Minuten backen. Die fertigen Cookies unbedingt komplett auf dem Backblech auskühlen lassen, da sie sonst zerbrechen. Am besten man lässt sie über Nacht auf dem Backblech.

TIPP: Zum Lagern die Cookies nicht ganz luftdicht verpacken, dann bleiben sie richtig kross.

Blitzschnell: Kleiner Mikrowellenkuchen

Geeignet für ein kleines mikrowellengeeignetes Gefäß. Zum Beispiel eine Müslischale oder eine kleine Auflaufform. Circa 9 x 14 cm, ergibt 2 Stücke

- Etwas Butter für die Form
- 25 g Butter
- 1 Ei (Größe L)
- 10 g Xylit
- 1 gestrichener TL Backpulver
- 1 gestrichener TL Johannisbrotkernmehl (2 g)
- 2 g Backkakao
- 25 g gemahlene Mandeln
- 5 g Mandelmehl
- Zimt nach Geschmack

1 Stück Kuchen (ca. 70 g): 255 kcal, 8,6 g Eiweiß (13,2 E%), 22,6 g Fett (79 E%), 2,1 g Kohlenhydrate (3,3 E%), 5 g Zuckeralkohol Xylit (4,5 E%)

01 Die Form mit Butter einfetten.

02 Die Butter schmelzen. Das Ei mit dem Xylit ca. 3 Minuten schaumig rühren, dann die Butter unterrühren.

03 Backpulver, Johannisbrotkernmehl und Kakao darüber sieben und zusammen mit den gemahlenen Mandeln, dem Mandelmehl und dem Zimt unterrühren.

04 Den Teig in die gefettete Form geben und etwas glatt streichen.

05 Bei 600 Watt 3 Minuten in der Mikrowelle garen.

06 Danach in der Form auskühlen lassen. Den Rand etwas lösen und anschließend den Kuchen stürzen.

TIPP: Der Teig geht beim Garen etwas auf. Bitte berücksichtigen Sie das bei der Auswahl der Form. Übrigens: Je frischer der Kuchen ist, umso besser schmeckt er!

Nussmuffins

Für 8 Muffinförmchen aus Silikon

- Etwas Öl für die Förmchen
- 2 Eier (Größe L)
- 40 g Butter
- 75 ml Sahne
- Vanille- oder Rumaroma nach Geschmack
- 65 g Xylit
- 1 leicht gehäufter TL Johannisbrotkernmehl (3 g)
- 1 gehäufter TL Backpulver
- 20 g Mandelmehl
- 50 g gemahlene Mandeln

1 Muffin (ca. 50 g): 170 kcal, 5,4 g Eiweiß (12,8 E%), 13,5 g Fett (72,8 E%), 1,3 g Kohlenhydrate (3,1 E%), 8,1 g Zuckeralkohol Xylit (11,3 E%)

01 Backofen auf 175° (Umluft) vorheizen, und die Förmchen mit Öl einpinseln.

02 Eier trennen. Das Eiweiß zu steifem Schnee schlagen und beiseitestellen. Die Butter leicht schmelzen.

03 Eigelb, Sahne, Aroma, Xylit und die Butter so lange verrühren, bis sich das Xylit aufgelöst hat. Johannisbrotkernmehl und Backpulver darüber sieben und zusammen mit dem Mandelmehl unterrühren.

04 Zum Schluss den Eischnee und die gemahlenen Mandeln unterheben, damit ein luftiger Teig entsteht.

05 Den Teig in beliebige Silikonförmchen füllen. Diese darf man fast ganz voll füllen. Anschließend ca. 20 Minuten backen. Sollten die Muffins zu dunkel werden, die Förmchen nach ungefähr der Hälfte der Backzeit mit Alufolie abdecken.

06 Muffins in den Förmchen auskühlen lassen.

TIPP: Man kann auch kleinere Silikonförmchen oder Mini-Gugelhupfförmchen aus Silikon verwenden.

Zitronenmuffins

Für 8 Muffinförmchen aus Silikon

- Etwas Öl für die Förmchen
- 2 Eier (Größe L)
- 40 g Butter
- 65 g Xylit
- 75 ml Sahne
- 1 leicht gehäufter TL Johannisbrotkernmehl (3 g)
- 1 gehäufter TL Backpulver
- etwas abgeriebene Zitronenschale von einer Bio-Zitrone und 1 Fläschchen Zitronenaroma
- 20 g Kokosmehl
- 50 g blanchierte, gemahlene Mandeln

1 Muffin (ca. 50 g): 160 kcal, 4,2 g Eiweiß (10,3 E%), 13,5 g Fett (75,1 E%), 1,2 g Kohlenhydrate (2,9 E%), 8,1 g Zuckeralkohol Xylit (11,7 E%)

01 Backofen auf 175° (Umluft) vorheizen, und die Backförmchen mit dem Öl einpinseln.

02 Die Eier trennen. Das Eiweiß steif schlagen und beiseitestellen.

03 Die Butter leicht schmelzen. Eigelb mit Xylit, Butter und Sahne so lange verrühren, bis sich das Xylit aufgelöst hat.

04 Johannisbrotkernmehl und Backpulver darüber sieben und mit der abgeriebenen Zitronenschale und dem Zitronenaroma unterrühren. Kokosmehl ebenfalls unterrühren.

05 Zum Schluss den Eischnee und die gemahlenen Mandeln vorsichtig unterheben, damit ein luftiger Teig entsteht.

06 Den Teig anschließend in die vorbereiteten Silikonförmchen füllen. Circa 20 Minuten backen. Nach ungefähr der Hälfte der Backzeit die Förmchen eventuell mit Alufolie abdecken, damit sie nicht zu dunkel werden.

07 Fertig gebackene Muffins in den Förmchen auskühlen lassen.

TIPP: Man kann auch kleinere Silikonförmchen oder Mini-Gugelhupfförmchen aus Silikon verwenden.

Kirschtorte Schwarzwälder Art

Für eine 18-cm-Springform, ergibt 8 Stücke

Für den Teig:
- 3 Eier (Größe L)
- 70 g Xylit
- Rumaroma nach Geschmack
- 75 ml Sahne
- 1 leicht gehäufter TL Johannisbrotkernmehl (3 g)
- 1 Päckchen Backpulver
- 15 g Backkakao
- 60 g Mandelmehl

Für den Belag:
- 1 EL Kirschwasser
- 175 g Kirschen (Abtropfgewicht, aus dem Glas, ungesüßt)
- 4 EL Kirschsaft (aus dem Glas auffangen)
- 1 gestrichener TL Guarkernmehl
- 400 ml Sahne
- 2 Päckchen Sahnesteif
- 1 gestrichener EL gemahlenes Xylit

1 Stück Kuchen (ca. 140 g): 300 kcal, 9 g Eiweiß (12,1 E%), 22,3 g Fett (67,3 E%), 8,5 g Kohlenhydrate (11,2 E%), 10 g Zuckeralkohol Xylit (7,8 E%), 0,7 g Alkohol (1,6 E%)

01 Backofen auf 175° (Umluft) vorheizen. Den Boden der Springform mit Backpapier bespannen.

02 Die Eier trennen. Das Eiweiß zu steifem Schnee schlagen und beiseitestellen. Eigelb, Xylit, Aroma und Sahne so lange rühren, bis sich das Xylit aufgelöst hat.

03 Johannisbrotkernmehl, Backpulver und Kakao darüber sieben und zusammen mit dem Mandelmehl unterrühren. Eischnee vorsichtig unterheben, damit ein luftiger Teig entsteht.

04 Den Teig in die vorbereitete Backform füllen, etwas glatt streichen und ca. 40 Minuten backen (Stäbchenprobe). Sollte er zu dunkel werden, nach etwa 15 Minuten mit Alufolie abdecken. In der Form auskühlen lassen. Danach den Kuchen waagerecht durchschneiden, sodass man 2 Böden hat.

05 Einen der Böden in einen Tortenring legen und mit dem Kirschwasser beträufeln. Kirschen in einem Sieb gut abtropfen lassen. Kirschsaft auffangen. Den Kirschsaft in eine kleinere Schüssel geben und das Guarkernmehl mit einem Schneebesen unterrühren. Es entsteht eine dicke Masse.

06 Dann die Kirschen untermischen. Das Ganze auf den Boden geben und gleichmäßig verteilen. Die Sahne mit dem Sahnesteif steif schlagen, erst kurz vor Ende das Xylit dazugeben und unterrühren.

07 Etwas Sahne auf die Kirschen verteilen, glatt streichen und den zweiten Boden daraufgeben. Dann den Tortenring entfernen und die Torte nach Geschmack mit der restlichen Sahne verzieren.

TIPP: Man kann das Kirschwasser natürlich auch weglassen. Die Torte schmeckt trotzdem lecker.

Kuchen nach Art Donauwelle

Für eine 18-cm-Springform, ergibt 8 Stücke

Zutaten Teig:
- 125 g Kirschen (gefroren)
- 3 Eier (Größe L)
- 65 g Xylit
- 1 leicht gehäufter TL Johannisbrotkernmehl (3 g)
- 1 gehäufter TL Backpulver
- 15 g Backkakao
- 35 g Mandelmehl
- 100 g gemahlene Mandeln

Für die Creme:
- 150 ml Sahne
- 1 Päckchen Sahnesteif
- 1 gestrichener EL Xylit
- 125 g Mascarpone
- Vanillearoma nach Geschmack

1 Stück Kuchen (ca. 105 g): 280 kcal, 10 g Eiweiß (14,1 E%), 22 g Fett (70,5 E%), 5,5 g Kohlenhydrate (7,7 E%), 9,4 g Zuckeralkohol Xylit (7,7 E%)

01 Backofen auf 175° (Umluft) vorheizen, und den Springformboden mit Backpapier bespannen.

02 Die Kirschen in einem Sieb etwas antauen lassen.

03 Die Eier mit dem Xylit schaumig schlagen. Johannisbrotkernmehl, Backpulver und Kakao darübersieben und zusammen mit dem Mandelmehl und den gemahlenen Mandeln unterrühren.

04 Den Teig in die vorbereitete Springform geben und etwas glatt streichen. Die Kirschen gleichmäßig darauf verteilen und den Kuchen ca. 40 Minuten backen. Nach ungefähr der Hälfte der Backzeit den Kuchen mit Alufolie abdecken.

05 Kuchen in der Form auskühlen lassen. Anschließend in einen Tortenring geben.

06 Sahne mit dem Sahnesteif steif schlagen; das Xylit kurz vor Ende zugeben. Mascarpone mit Vanillearoma verfeinern und die geschlagene Sahne unterrühren.

07 Die Creme auf dem Kuchen verteilen und noch mit etwas Backkakao bestäuben.

08 Mindestens 1 Stunde kühl stellen, und erst dann den Tortenring vorsichtig lösen.

Mandarinenkäsesahne auf Kokosboden

Für eine 18-cm-Springform, ergibt 8 Stücke

Zutaten für den Boden:
- 2 Eier (Größe L)
- 50 g Xylit
- 3 EL Sahne
- 1 gehäufter TL Backpulver
- 1 leicht gehäufter TL Johannisbrotkernmehl (3 g)
- etwas abgeriebene Schale von einer Bio-Zitrone
- 25 g Kokosmehl
- 25 g Kokosraspel

Für den Belag:
- 100 g Mandarinen (Abtropfgewicht, aus der Dose, ungezuckert)
- einige Mandelblättchen
- 200 ml Sahne
- 1 Päckchen Sahnesteif
- 2 gestrichene EL Xylit
- 250 g Quark (20 % Fett)

1 Stück Kuchen (ca. 85 g): 150 kcal, 7,5 g Eiweiß (20,7 E%), 8,6 g Fett (53,8 E%), 4,1 g Kohlenhydrate (11,4E%), 8,8 g Zuckeralkohol Xylit (14,1 E%)

01 Backofen auf 175° (Umluft) vorheizen, und den Boden der Springform mit Backpapier bespannen.

02 Eier trennen. Das Eiweiß steif schlagen und beiseitestellen. Eigelb mit dem Xylit und der Sahne so lange rühren, bis sich das Xylit aufgelöst hat.

03 Backpulver und Johannisbrotkernmehl darüber sieben und zusammen mit der Zitronenschale unterrühren. Das Kokosmehl zugeben und ebenfalls unterrühren.

04 Zum Schluss den Eischnee und die Kokosraspel vorsichtig unterheben, damit ein luftiger Teig entsteht. Den Teig in die vorbereitete Springform geben und glatt streichen.

05 Circa 20 Minuten backen. Sollte der Boden zu dunkel werden, zwischendurch mit Alufolie abdecken. Den Boden in der Form auskühlen lassen.

06 Die Mandarinen etwas kleiner schneiden und in einem Sieb gut abtropfen lassen.

07 Mandelblättchen in einer beschichteten Pfanne ohne Fett kurz anrösten.

08 Den ausgekühlten Boden in einen Tortenring geben.

09 Sahne mit Sahnesteif steif schlagen, gegen Ende die Hälfte des Xylits zugeben. Quark mit dem restlichen Xylit verrühren. Anschließend mit den geschnittenen Mandarinenstückchen und ca. ⅔ der Sahne vermengen, und die Masse auf den Boden geben und glatt streichen.

10 Torte mindestens 1 Stunde kalt stellen. Dann den Tortenring lösen und die Torte mit der restlichen Sahne und den Mandelblättchen verzieren.

TIPP: Man kann die Quarkcreme auch mit Zitrone oder Vanille verfeinern.

Vanille-Frucht-Törtchen

Für etwa 8 Törtchen mit jeweils 10 cm Durchmesser

Für den Teig:
- 75 g Butter
- 4 Eier (Größe L)
- 100 ml Sahne
- 75 g Xylit
- Vanillearoma nach Geschmack
- 1 leicht gehäufter TL Johannisbrotkernmehl (3 g)
- 1 Päckchen Backpulver
- 80 g Mandelmehl

Für das Topping:
- 200 ml Sahne
- 1 Päckchen Sahnesteif
- 1 gestrichener EL Xylit
- 1 Portionspäckchen Lupinenproteinshake von NutraLinea (Barbara Klein), Vanille
- 125 g Früchte nach Wahl (Himbeeren passen perfekt!)

1 Stück Kuchen (ca. 120 g): 310 kcal, 11,8 g Eiweiß (15,3 E%), 23,8 g Fett (70,5 E%), 4,8 g Kohlenhydrate (6,2 E%), 10,6 g Zuckeralkohol Xylit (8 E%)

01 Backofen auf 175° (Umluft) vorheizen, und ein Backblech mit Backpapier auslegen.

02 Die Butter vorsichtig schmelzen. Eier trennen. Das Eiweiß zu steifem Schnee schlagen und beiseitestellen. Das Eigelb mit der Butter, Sahne, Xylit und Vanillearoma so lange rühren, bis sich das Xylit gelöst hat.

03 Dann Johannisbrotkernmehl und Backpulver darübersieben und zusammen mit dem Mandelmehl unterrühren.

04 Zum Schluss den Eischnee unterheben, sodass eine luftige Masse entsteht.

05 Den Teig ca. 1 cm dick auf das Backblech streichen. (Achtung: Die Menge reicht nicht für ein ganzes Blech.) Circa 15 Minuten goldbraun backen.

06 Danach stürzen, Backpapier entfernen und den Kuchenteig auskühlen lassen. Nun beliebig große Törtchen ausstechen oder Rechtecke schneiden.

07 Sahne mit Sahnesteif fast ganz steif schlagen. Dann Xylit und das Proteinshake-Pulver zugeben und die Sahne fertig schlagen.

08 Törtchen mit dem Topping und dem Obst nach Wunsch ausdekorieren.

INFO: Im Rahmen einer Low-Carb-Ernährung wird besonders Wert auf eine gute Eiweißversorgung gelegt. Für dieses Rezept wurde ein Eiweißpulver mit einem hohen Anteil (20 %) an Lupineneiweiß verwendet. Lupineneiweiß enthält alle essenziellen Aminosäuren und wirkt im Organismus basisch. Auf Seite 21 finden Sie eine mögliche Bezugsquelle. Alternativ können Sie auch 18 Gramm Eiweißpulver eines anderen Herstellers verwenden.

Gewürzkuchen

Für eine 18-cm-Springform, ergibt 8 Stücke

- 2 Eier (Größe L)
- 50 g Walnüsse
- 65 g Xylit
- 75 ml Sahne
- 1 EL Glühwein
- Lebkuchengewürz, Zimt, Rumaroma nach Geschmack
- 1 gehäufter TL Backpulver
- 1 leicht gehäufter TL Johannisbrotkernmehl (3 g)
- 1 gehäufter TL Backkakao
- 25 g Mandelmehl
- 100 g gemahlene Mandeln

1 Stück Kuchen (ca. 60 g): 200 kcal, 8 g Eiweiß (15,5 E%), 16 g Fett (70 E%), 2,3 g Kohlenhydrate (4,4 E%), 8,1 g Zuckeralkohol Xylit (9,2 E%), 0,3 g Alkohol (0,9 E%)

01 Backofen auf 175° (Umluft) vorheizen, und Springformboden mit Backpapier bespannen.

02 Eier trennen. Eiweiß zu steifem Schnee schlagen. Walnüsse grob hacken und beides beiseitestellen.

03 Eigelb mit Xylit, Sahne, Glühwein und den Gewürzen so lange rühren, bis sich der Xylit aufgelöst hat. Backpulver, Johannisbrotkernmehl und Kakao darübersieben und zusammen mit dem Mandelmehl unterrühren.

04 Zum Schluss die gemahlenen Mandeln und die gehackten Walnüsse zusammen mit dem Eischnee vorsichtig unterheben, sodass ein luftiger Teig entsteht.

05 Den Teig in die vorbereitete Springform geben, etwas glatt streichen und ca. 35 Minuten backen. Nach der Hälfte der Backzeit den Kuchen mit Alufolie abdecken, damit er nicht zu dunkel wird.

06 Kuchen in der Springform auskühlen lassen.

TIPP: Man kann den Glühwein auch durch Sahne ersetzen.

Haselnusshäufchen

Ergibt ca. 50 Stück

- 70 g Xylit
- 2 Eiweiß von Eiern (Größe L)
- etwas Lebkuchengewürz
- 180 g gemahlene Haselnüsse

1 Plätzchen (ca. 7 g): 28 kcal, 0,8 g Eiweiß (10,9 E%), 2,3 g Fett (74,1 E%), 0,2 g Kohlenhydrate (3,3 E%), 1,4 g Zuckeralkohol Xylit (11,7 E%)

01 Backofen auf 140° (Umluft) vorheizen, und ein Backblech mit Backpapier belegen.

02 Xylit im Küchenmixer fein mahlen, sodass es wie Puderzucker wird.

03 Eiweiß zu steifem Schnee schlagen. Xylit einrieseln lassen und so lange weiterschlagen, bis es sich aufgelöst hat und eine glänzende Masse entstanden ist.

04 Lebkuchengewürz unterrühren. Haselnüsse vorsichtig unterheben.

05 Nun den Teig in eine Teigpresse mit Makronenaufsatz füllen und durchpressen oder einfach mit 2 Teelöffeln kleine Häufchen formen und auf das Backblech setzen.

06 Circa 15 Minuten backen.

Kokosmakronen

Ergibt ca. 30 Stück

- 30 g Xylit
- 1 Eiweiß von einem Ei (Größe L)
- Rumaroma nach Geschmack
- 85 g Kokosflocken
- 25 g Schokolade mit 85 % Kakaoanteil

1 Makrone (ca. 6 g): 25 kcal, 0,5 g Eiweiß (6,9 E%), 2,3 g Fett (78,2 E%), 0,4 g Kohlenhydrate (5,9 E%), 1 g Zuckeralkohol Xylit (9 E%)

01 Den Backofen (Umluft) auf 120° vorheizen. Das Backblech mit Backpapier auslegen.

02 Das Xylit im Küchenmixer fein mahlen, sodass es wie Puderzucker wird.

03 Das Eiweiß steif schlagen, Rumaroma zugeben. Das gemahlene Xylit einrieseln lassen und so lange weiterschlagen, bis eine glänzende Masse entstanden ist.

04 Nun die Kokosflocken vorsichtig unterheben.

05 Mit 2 Teelöffeln kleine Häufchen mit etwas Abstand auf das vorbereitete Backblech setzen und ca. 15 Minuten backen.

06 Die Plätzchen danach so lange auf dem Backblech lassen, bis sie komplett ausgekühlt und getrocknet sind. Erst dann lassen sie sich einfach vom Backpapier lösen. Die Schokolade schmelzen und die fertigen Makronen damit verzieren.

TIPP: Sollten die Kokosmakronen zu hart werden, einfach ein kleines Stück Brot oder ein Stück Apfel mit in die Plätzchendose geben.

Terrassenkekse

Ergibt ca. 80 kleine Doppelkekse

- 125 g Mandelmehl
- 60 g Xylit
- 50 g Dinkelmehl (Typ 630)
- 1 stark gehäufter TL Guarkernmehl (6 g)
- 125 g zimmerwarme Butter
- 1 Ei (Größe L)
- Rumaroma nach Geschmack
- 50 g Schokolade mit 85 % Kakaoanteil zum Verzieren
- etwas Dinkelmehl zum Auswellen

1 Plätzchen (ca. 6 g): 25 kcal, 1,1 g Eiweiß (15,7 E%), 2,1 g Fett (68,4 E%), 0,7 g Kohlenhydrate (9,7 E%), 0,8 g Zuckeralkohol Xylit (6,2 E%)

01 Backofen auf 160° (Umluft) vorheizen, und das Backblech mit Backpapier auslegen.

02 Mandelmehl und Xylit in eine Schüssel geben. Dinkel- und Guarkernmehl darübersieben und alles vermischen.

03 Die Butter in Flöckchen darüber verteilen, das Ei sowie das Rumaroma zufügen und einen Mürbeteig herstellen.

04 Aus dem Teig eine Kugel formen und für ca. 15 Minuten mit Frischhaltefolie abgedeckt in den Kühlschrank stellen.

05 Nun den Teig mit etwas Dinkelmehl (am besten auf einer Silikonbackmatte) ausrollen, kleine Plätzchen ausstechen und auf das Backblech legen.

06 Circa 8 Minuten backen.

07 Plätzchen auf dem Backblech auskühlen lassen. Heiß sind sie noch brüchig.

08 Die Schokolade schmelzen und mit einem Teelöffel etwas davon auf ein Plätzchen geben. Ein zweites Plätzchen daraufsetzen.

09 Ganz zum Schluss die Terrassenkekse mit geschmolzener Schokolade verzieren.

10 Die Schokolade unbedingt komplett aushärten lassen. Danach in einer Plätzchendose lagern.

TIPP: Diese Kekse schmecken nicht nur zur Weihnachtszeit. Man kann sie außerdem auch mit Low-Carb-geeigneter Marmelade füllen. Das schmeckt auch sehr lecker.

Omas Spritzgebackenes

Ergibt ca. 90 Stück

- 175 g Mandelmehl
- 1 stark gehäufter TL Guarkernmehl (6 g)
- 100 g Xylit
- 100 g gemahlene Haselnüsse
- 180 g zimmerwarme Butter
- 1 Ei (Größe L)
- 1 Päckchen Bourbon-Vanillearoma
- 40 g Schokolade mit 85 % Kakaoanteil

1 Plätzchen (ca. 7,5 g): 35 kcal, 1,4 g Eiweiß (15,9 E%), 2,8 g Fett (73,1 E%), 0,3 g Kohlenhydrate (3,6 E%), 1,1 g Zuckeralkohol Xylit (7,4 E%)

01 Backofen auf 160° (Umluft) vorheizen. Backblech mit Backpapier belegen.

02 Mandelmehl in eine Schüssel geben. Guarkernmehl darübersieben. Xylit, Haselnüsse, Butter, Ei und Vanillearoma dazugeben und daraus einen glatten Teig kneten.

03 Den fertigen Teig in eine Gebäckpresse füllen und daraus Stangen spritzen.

04 Die Backzeit beträgt ca. 7 Minuten.

05 Das fertige Gebäck unbedingt auf dem Backblech auskühlen lassen, ansonsten bricht es.

06 Die Schokolade im Wasserbad schmelzen lassen und das Spritzgebackene damit nach Wunsch verzieren.

TIPP: Spritzen Sie lange Schlangen auf ein großes Brett und schneiden Sie diese erst danach in die gewünschte Länge und setzen Sie sie dann auf das vorbereitete Backblech.

INFO: Die Haselnüsse müssen wirklich fein gemahlen sein. Größere Stücke verstopfen sonst den Aufsatz der Gebäckpresse. Geben Sie daher die gekauften gemahlenen Haselnüsse vor der Verwendung noch mal in den Multi-Küchenzerkleinerer.

Schokomakronen

Ergibt ca. 30 Stück

- 35 g Xylit
- 1 Eiweiß von einem Ei Größe L
- 5 g Backkakao
- 50 g gemahlene Mandeln

1 Makrone (ca. 4,5 g): 14 kcal, 0,6 g Eiweiß (16,8 E%), 0,9 g Fett (59,7 E%), 0,1 g Kohlenhydrate (3,9 E%), 1,2 g Zuckeralkohol Xylit (19,6 E%)

01 Den Backofen auf 140° (Umluft) vorheizen. Das Backblech mit Backpapier auslegen.

02 Den Xylit im Küchenmixer fein mahlen, sodass es wie Puderzucker wird. Das Eiweiß steif schlagen, das gemahlene Xylit einrieseln lassen und so lange weiterschlagen, bis eine glänzende Masse entstanden ist.

03 Den Kakao darübersieben und unterrühren. Nun die gemahlenen Mandeln vorsichtig unterheben.

04 Mit 2 Teelöffeln mit etwas Abstand kleine Häufchen auf das vorbereitete Backblech setzen und ca. 18 Minuten backen.

05 Die Plätzchen danach so lange auf dem Backblech lassen, bis sie komplett getrocknet sind und sich leicht vom Backpapier lösen lassen.

06 Danach in einer Gebäckdose lagern.

TIPP: Sollten die Makronen zu hart werden, einfach ein kleines Stück Brot oder ein Stück Apfel mit in die Plätzchendose geben.

Walnussmakronen/Wespennester

Ergibt ca. 30 Stück

- 90 g Walnüsse
- 25 g Xylit
- 1 Eiweiß von einem Ei (Größe L)
- Butter-Vanillearoma nach Geschmack

1 Makrone (ca. 5 g): 25 kcal, 0,6 g Eiweiß (10,3 E%), 2,1 g Fett (78,6 E%), 0,2 g Kohlenhydrate (3,1 E%), 0,8 g Zuckeralkohol Xylit (8 E%)

01 Den Backofen (Umluft) auf 140° vorheizen. Das Backblech mit Backpapier auslegen.

02 Die Walnüsse grob hacken. Das Xylit im Küchenmixer fein mahlen, sodass es fast wie Puderzucker wird.

03 Das Eiweiß steif schlagen. Butter-Vanillearoma zugeben. Das gemahlene Xylit einrieseln lassen und so lange weiterschlagen, bis eine glänzende Masse entstanden ist.

04 Nun die Walnüsse vorsichtig unterheben.

05 Mit 2 Teelöffeln kleine Häufchen mit etwas Abstand auf das vorbereitete Backblech setzen und ca. 25 Minuten backen.

06 Die Plätzchen danach, am besten über Nacht, bei Zimmertemperatur trocknen lassen. Danach in eine Plätzchendose setzen.

TIPP: Sollten die Walnussmakronen zu hart werden, einfach ein kleines Stück Brot oder ein Stück Apfel mit in die Plätzchendose geben.

www.systemed.de

Gesunde Ernährung rund um die LOGI-Methode und LOGI-Low-Carb

Glücklich und schlank.
Mit viel Eiweiß und dem richtigen Fett. Das komplette LOGI-Basiswissen. Mit umfangreichem Rezeptteil.
Dr. Nicolai Worm
978-3-942772-96-9 **19,99 €**

Das große LOGI-Kochbuch.
120 raffinierte Rezepte zur Ernährungsrevolution von Dr. Nicolai Worm. Mit exklusiven LOGI-Kompositionen der Spitzenköche Alfons Schuhbeck, Vincent Klink, Ralf Zacherl, Christian Henze und Andreas Gerlach.
Franca Mangiameli
978-3-942772-79-2 **19,99 €**

Das neue große LOGI-Kochbuch.
120 neue Rezepte – auch für Desserts, Backwaren und vegetarische Küche. Jede Menge LOGI-Tricks und die klügsten Alternativen zu Pizza, Pommes und Pasta.
Franca Mangiameli | Heike Lemberger
978-3-942772-88-4 **19,99 €**

Abnehmen lernen. In nur zehn Wochen!
Das intelligente LOGI-Power-Programm zur dauerhaften Gewichtsreduktion. Mit diesem Tagebuch werden Sie Ihr eigener LOGI-Coach!
Heike Lemberger
Franca Mangiameli
978-3-942772-59-4 **15,99 €** ~~18,99 €~~

Das große LOGI-Back- und Dessertbuch.
Über 100 raffinierte Dessertrezepte, die Sie niemals für möglich gehalten hätten. So macht Leben nach LOGI noch mehr Spaß! Mit ausführlichem Stevia-Extrakapitel.
Franca Mangiameli | Heike Lemberger
978-3-927372-66-5 **19,95 €**

Das große LOGI-Grillbuch.
120 heiß geliebte Grillrezepte rund um Gemüse, Fisch und Fleisch. Ein Fest für LOGI-Freunde.
Heike Lemberger
Franca Mangiameli
978-3-942772-12-9 **15,99 €** ~~18,00 €~~

Das große LOGI-Fischkochbuch.
Köstliche Gerichte mit Fisch und Meeresfrüchten aus heimischen Gewässern und aus aller Welt.
S. Thiel | A. Fischer
978-3-942772-07-5 **15,99 €** ~~19,99 €~~

Vegetarisch kochen mit der LOGI-Methode.
LOGI ohne Fisch und Fleisch? Na klar! 80 innovative und kreative LOGI-Veggie-Rezepte. Wenige Kohlenhydrate – glutenfrei! Mit vielen veganen Rezeptalternativen.
Susanne Thiel | Dr. Nicolai Worm
978-3-942772-89-1 **19,99 €**

Das große LOGI-Fanbuch.
Erfolgsgeschichten, Rezepte, Tipps und Tricks von Fans für Fans der LOGI-Methode.
978-3-95814-079-0 **19,99 €**

Leicht abnehmen! Geheimrezept Eiweiß.
Gewicht verlieren mit Eiweiß und Formula-Mahlzeiten. Und dann: gesund und schlank auf Dauer mit LOGI.
Dr. Hardy Walle | Dr. Nicolai Worm
978-3-95814-009-7 **19,99 €**

Leicht abnehmen! Das Rezeptbuch.
Gewicht verlieren mit Eiweiß und Formula-Mahlzeiten. Und für danach: 70 einfache und abwechslungsreiche LOGI-Rezepte.
Dr. Hardy Walle
978-3-927372-40-5 **12,95 €**

LOGI. Das Buch.
Das Beste aus 15 Jahren LOGI. 300 Rezepte, Theorie und Tipps.
978-3-95814-026-4 **30,00 €**

Eiweiß-Guide.
Tabellen mit über 500 Lebensmitteln bewertet nach ihrem Eiweißgehalt und ausgewählten Aminosäuren.
Franca Mangiameli | Heike Lemberger
Dr. Nicolai Worm
978-3-942772-64-8 **9,99 €**

Fett Guide.
Wie viel Fett ist gesund? Welches Fett wofür? Tabellen mit über 500 Lebensmitteln, bewertet nach ihrem Fettgehalt und ihrer Fettqualität.
Heike Lemberger | Ulrike Gonder
Dr. Nicolai Worm
978-3-942772-09-9 **7,49 €** ~~9,99 €~~

LOGI-Guide.
Tabellen mit über 500 Lebensmitteln, bewertet nach ihrem glykämischen Index und ihrer glykämischen Last.
Franca Mangiameli
Dr. Nicolai Worm | Andra Knauer
978-3-942772-02-0 **6,99 €**

Die LOGI-Kochkarten.
Die besten LOGI-Rezepte. Einfallsreich, einfach, preiswert.
978-3-942772-54-9 **12,99 €**

Das große LOGI-Familienkochbuch.
Die LOGI-Ernährungsmethode für die ganze Familie in Theorie und Praxis. Mit 100 tollen Rezepten, die auch Kindern schmecken.
Marianne Botta | Dr. Nicolai Worm
978-3-95814-016-5 **19,99 €**

Der LOGI-Muskel-Coach.
Die ultimative Sporternährung für Muskelaufbau und Ausdauertraining.
Dr. Torsten Albers | Dr. Nicolai Worm
Kirsten Segler
978-3-942772-13-6 **19,99 €**

Mehr vom Sport! Low-Carb und LOGI in der Sporternährung.
Unter Mitwirkung zahlreicher Spitzensportler: Boxweltmeister Felix Sturm, Schwimmprofi Mark Warnecke, Leichtathlet Danny Ecker und viele mehr.
Clifford Opoku-Afari | Dr. Nicolai Worm
Heike Lemberger
978-3-927372-41-2 **19,95 €**

LOGI und Low Carb in der Sporternährung.
Glykämischer Index und glykämische Last – Einfluss auf Gesundheit und körperliche Leistungsfähigkeit.
Jan Prinzhausen
978-3-927372-30-6 **24,90 €**

Bauch, Beine, Po – das LOGI-Workout für Frauen. (DVD)
Inklusive ausführlichem Booklet.
M. Maier | Dr. N. Worm
978-3-927372-98-6 **8,99 €** ~~14,95 €~~

#POWERFÜRDICH. (DVD)
Trainiert, schlank & sexy. Das 12-Wochen-Programm von Promi-Trainer Cliff.
Clifford Opoku-Afari
978-3-95814-010-3 **14,99 €**

LOGI im Alltag, in der Praxis und in der Klinik.
Andra Knauer
978-3-942772-31-0 **6,99 €** ~~8,99 €~~

Die LOGI-Jubiläumsbox.
10 erfolgreiche, glückliche und schlanke Jahre mit der LOGI-Methode. Enthält DIE drei Standardwerke rund um die LOGI-Methode zum Jubiläumspreis.
- Glücklich und schlank.
- Das große LOGI-Kochbuch.
- Das neue große LOGI-Kochbuch.

Dr. Nicolai Worm | Franca Mangiameli
Heike Lemberger
978-3-927372-68-9 **50,00 €**
(erhältlich solange der Vorrat reicht)

Noch mehr LOGI.
Die LOGI-Fisch-, -Back- und -Grillbox. Über 400 raffinierte Rezepte.
Die Box beinhaltet:
- das große LOGI-Fischkochbuch
- das große LOGI-Grillbuch,
- das große LOGI-Back- und -Dessertbuch

Heike Lemberger | Franca Mangiameli
Susanne Thiel | Anna Fischer
978-3-942772-48-8 **45,00 €**
(erhältlich solange der Vorrat reicht)

LOGI durch den Tag.
Kombinieren Sie Ihren LOGI-Abnehmplan aus 50 Frühstücken, 50 Mittagessen und 50 Abendessen. Maximale Sättigung mit weniger als 1.600 Kalorien und 80 Gramm Kohlenhydraten pro Tag!
Franca Mangiameli
978-3-95814-007-3 **24,99 €**

Das LOGI-Menü.
Logisch kombiniert: 50 Vorspeisen, 50 Hauptgerichte, 50 Desserts.
Franca Mangiameli
978-3-95814-006-6 **24,99 €**

Die LOGI-Akademie.
LOGI lehren – LOGI verstehen. Ein Leitfaden zur Patientenschulung und zum Selbststudium.
Franca Mangiameli
978-3-927372-59-7 **34,99 €** ~~48,00 €~~

HappyCarb: Meine liebsten Low-Carb-Rezepte.
HappyCarb-Bloggerin Bettina Meiselbach verrät uns ihre 150 »Erfolgsrezepte« für mehr Gesundheit und Genuss.
Bettina Meiselbach
978-3-95814-075-2 **19,99 €**

HappyCarb: Diabetes Typ 2 – nicht mit mir!
Erfolgsbloggerin Bettina Meiselbach verrät ihr persönliches Low-Carb-Geheimnis gegen den Diabetes. Mit 30 inspirierenden Rezeptideen.
Bettina Meiselbach
978-3-95814-062-2 **19,99 €**

Die Low-Carb-Alltagsküche.
110 Koch- und Backrezepte, die JEDER kann.
Beate Strecker
978-3-95814-034-9 **19,99 €**

Das Fastenbuch.
Die besten Fastenkuren für jeden Typ.
Anna Cavelius
978-3-927372-85-6 **19,99 €**

Vegan Detoxfasten.
Das 7-Tage-Programm zur Regulation des Säure-Basen-Haushaltes.
Anna Cavelius
978-3-942772-97-6 **8,99 €**

Endlich schlank ohne Diät.
Erfolgreich abnehmen ohne Jo-Jo-Effekt und Kalorienzählen - nach dem LOGI-Erfolgsprinzip von Dr. Nicolai Worm.
Anna Cavelius
978-3-942772-10-5 **7,49 €** ~~9,99 €~~

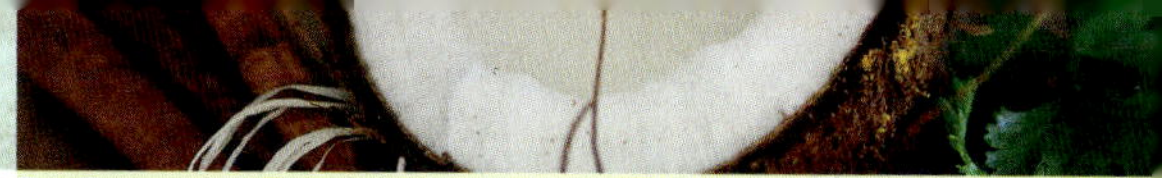

systemed Küchenratgeber

Low-Carb – Low-Budget.
Kohlenhydratbilanzierte Küche für den kleinen Geldbeutel.
Wolfgang Link | Dr. med. Jürgen Voll
978-3-942772-65-5 **8,99 €**

Low-Carb unterwegs.
40 Rezepte für die Reise und zum Mitnehmen.
Franca Mangiameli | Heike Lemberger
978-3-942772-66-2 **8,99 €**

Low-Carb vegan.
40 Rezepte ohne tierische Lebensmittel.
Franca Mangiameli | Heike Lemberger
978-3-942772-68-6 **8,99 €**

Low-Carb in 15 Minuten.
40 »leichte« Schnellrezepte zum Genießen.
Wolfgang Link
978-3-942772-75-4 **8,99 €**

Low-Carb-Powerwoche.
In 7 Tagen Vitalität gewinnen und Gewicht verlieren.
Wolfgang Link | Dr. med. Jürgen Voll
978-3-942772-87-7 **8,99 €**

Low-Carb in der Schwangerschaft.
Gesundheit mit wenig Kohlenhydraten für Mutter und Baby
Annett Schmittendorf
978-3-942772-72-3 **8,99 €**

NEU

Low-Carb-Feierabendküche.
5 Zutaten – 15 Minuten – 40 Rezepte.
Wolfgang Link
978-3-95814-059-2 **8,99 €**

NEU

Low-Carb-Nudelküche.
40 köstliche echte Pastarezepte mit wenig Kohlenhydraten.
Wolfgang Link
978-3-95814-047-9 **8,99 €**

Low-Carb für Sportler.
30 kohlenhydratreduzierte Gerichte für den Sportler.
Wolfgang Link | Dr. med. Jürgen Voll
978-3-942772-91-4 **8,99 €**

Low-Carb-Desserts.
40 Desserts mit wenig Kohlenhydraten.
Wolfgang Link
978-3-942772-95-2 **8,99 €**

Low-Carb-Pfannengerichte.
40 Rezepte für die schnelle Pfanne mit wenig Kohlenhydraten.
Wolfgang Link
978-3-942772-93-8 **8,99 €**

Low-Carb bei Nahrungsmittelunverträglichkeit.
30 Rezepte bei Laktoseintoleranz/Fruktoseintoleranz/Zöliakie.
W. Link | Dr. med. J. Voll **4,99 €**
978-3-942772-74-7 ~~7,99 €~~

Low-Carb für den Hund.
Artgerechte Hundeernährung mit wenig Kohlenhydraten – Wissen, Tipps und Rezepte.
Ursula Bien
978-3-95814-011-0 **8,99 €**

Low-Carb vegetarisch.
40 vegetarische Rezepte ohne Fisch und Fleisch.
Wolfgang Link
978-3-95814-005-9 **8,99 €**

Low-Carb-Suppen.
40 Suppen und Eintöpfe zum einfachen Nachkochen.
Manuela Oehninger Suter
978-3-95814-004-2 **8,99 €**

NEU

Low-Carb für Einsteiger.
32 Rezepte mit zahlreichen Varianten für den Start in eine kohlenhydratarme Ernährung.
Manuela Oehninger Suter
978-3-95814-048-6 **8,99 €**

Low-Carb kalte Küche.
40 kohlenhydratarme Rezepte ohne zu kochen.
Manuela Oehninger Suter
978-3-95814-021-9 **8,99 €**

Low-Carb-Aufläufe.
40 kohlenhydratarme Rezepte aus dem Ofen & Wissenswertes zu Auflaufformen.
Wolfgang Link
978-3-95814-022-6 **8,99 €**

Low-Carb-Backen für den Alltag.
22 kohlenhydratarme, einfache und 100% funktionierende Rezepte für Kuchen und Kekse.
Beate Strecker
978-3-95814-033-2 **8,99 €**

NEU

Low-Carb-Weihnachtsbäckerei.
20-mal Kekse, Gebäck und Kuchen zur Weihnachtszeit.
Beate Strecker
978-3-95814-043-1 **8,99 €**

NEU

Low-Carb für Diabetiker.
29 kohlenhydratarme Rezepte zur Blutzuckerregulation.
Wolfgang Link | Dr. Jürgen Voll
978-3-95814-045-5 **8,99 €**

NEU

Low-Carb-Frühstück.
40 abwechslungsreiche Frühstücksideen mit wenig Kohlenhydraten.
Wolfgang Link
978-3-95814-046-2 **8,99 €**

NEU

Low-Carb mediterran.
40 Rezepte aus der beliebten Mittelmeerküche.
Manuela Oehninger Suter
978-3-95814-055-4 **8,99 €**

Ketogene Ernährung

BEST-SELLER

Krebszellen lieben Zucker – Patienten brauchen Fett.
Gezielt essen für mehr Kraft und Lebensqualität bei Krebserkrankungen.
Prof. Ulrike Kämmerer
Dr. Christina Schlatterer | Dr. Gerd Knoll
978-3-927372-90-0 **24,99 €**

NEU

Ketogene Ernährung bei Krebs.
Die besten Lebensmittel bei Tumorerkrankungen.
Prof. Ulrike Kämmerer
Dr. Christina Schlatterer | Dr. Gerd Knoll
978-3-95814-037-0 **14,99 €**

KetoKüche für Einsteiger: Rezepte & Kraftshakes.
50 ketogene Rezepte, die schmecken.
Dorothee Stuth | Ulrike Gonder
978-3-942772-42-6 **14,99 €**

KetoKüche zum Genießen.
Mit gesunden Gewürzen und Kokosnuss. Über 100 ketogene Rezepte für Genießer.
Bettina Matthaei | Ulrike Gonder
978-3-942772-44-0 **19,99 €**

NEU

KetoKüche mediterran.
90 kohlenhydratarme Gerichte rund um das Mittelmeer.
Bettina Matthaei | Ulrike Gonder
978-3-95814-044-8 **19,99 €**

JETZT ALS PAPERBACK

Stopp Alzheimer!
Wie Demenz vermieden und behandelt werden kann.
Dr. Bruce Fife **20,00 €**
978-3-942772-86-0 ~~24,99 €~~

Stopp Alzheimer! Praxisbuch.
Wie Demenz vermieden und behandelt werden kann. Mit zahlreichen Rezepten, Mental-Test sowie Warenkunde und Kohlenhydrattabellen.
Dr. Bruce Fife
978-3-942772-27-3 **12,99 €**

NEU

Die Anti-Alzheimer-Diät.
Alzheimer und Demenz einfach wegessen – oder: Wie die Ernährung vor Alzheimer schützen kann.
Dr. Peter Heilmeyer | Ulrike Gonder
978-3-95814-070-7 **15,99 €**

Das angesagte, Ernährungsthema im systemed Verlag: Gezielt essen bei Krebserkrankungen, Alzheimer und Demenz mit ketogener Ernährung.

Das Beste aus der Kokosnuss.
Natives Bio-Kokosöl und Bio-Kokosmehl.
Ulrike Gonder
978-3-942772-56-3 **4,99 €**

Kokosöl (nicht nur) fürs Hirn!
Wie das Fett der Kokosnuss helfen kann, gesund zu bleiben und das Gehirn vor Alzheimer und anderen Schäden zu schützen.
Ulrike Gonder
978-3-942772-38-9 **5,99 €**

Positives über Fette und Öle.
Warum gute Fette und Öle so wichtig für uns sind.
Ulrike Gonder
978-3-942772-57-0 **4,99 €**

Alle 3 Bücher im Paket
978-3-942772-55-6 **12,00 €**

KetoKüche kennenlernen.
Die ketogene Ernährung in Theorie und Praxis.
Ulrike Gonder | Anja Leitz
978-3-942772-80-8 **8,99 €**

Praxisbroschüre Rezepte zur Unterstützung einer ketogenen Ernährung für Krebspatienten.
Prof. Ulrike Kämmerer | Nadja Pfetzer
(erhältlich nur beim Verlag) **6,90 €**

systemed verlag

Ernährung, Gesundheit, Lifestyle, Wellness

Pur – weiß – tödlich.
Warum der Zucker uns umbringt – und wie wir das verhindern können.
Prof. John Yudkin | Prof. Robert Lustig
978-3-942772-41-9 **14,99 €**

JETZT ALS PAPERBACK

Kräuter & Gewürze als Medizin.
Gesund und schlank mit Vitalkräften aus der Apotheke der Natur.
Klaus Oberbeil
978-3-942772-92-1 **15,00 €** ~~19,95 €~~

Fit mit 100.
Jung bleiben, länger leben.
- Ein Leben lang schlank & glücklich.
- Programme für Körper und Seele.
- 100 wertvolle Ernährungstipps.

Klaus Oberbeil
978-3-927372-93-1 **14,99 €**

Warum Fische nie dick werden.
Jung & schlank mit Meeresfrüchten, Omega-3-Fettsäuren, Algen und Jod.
Klaus Oberbeil | Patrick Coudert
978-3-942772-71-6 **9,99 €**

Der Gen-Code.
Das Geheimnis der Epigenetik – wie wir mit Ernährung und Bewegung unsere Gene positiv beeinflussen können.
Dr. Ulrich Strunz
978-3-942772-01-3 **14,99 €**

Yes, I can!
Erfolgreich schlank in 365 Schritten.
Dr. Ilona Bürgel
978-3-927372-51-1 **4,99 €** ~~15,00 €~~

Das Myoreflexkonzept.
Schmerzfrei mit aktiven Muskeln.
Dr. med. E. Jörg | P. Kensok
978-3-942772-49-5 **13,99 €** ~~19,99 €~~

Gesund durch Stress!
Wer reizvoll lebt, bleibt länger jung!
Hans-Jürgen Richter
Dr. Peter Heilmeyer
978-3-927372-42-9 **4,99 €** ~~15,95 €~~

NEU

Happy-Hippie-Cooking Ibiza.
72 Rezepte, die auf Konventionen pfeifen. Love & Peace an der Pfanne.
Elke Clörs
978-3-95814-025-7 **19,99 €**

Ich habe so lange auf Dich gewartet!
Der lange Weg durch die Kinderwunschtherapie. Ein Tagebuch – ärztlich kommentiert und ergänzt – über Hoffnungen, Misserfolge, Wegbegleiter und das Wunschkind.
Prof. M. Ludwig | Maileen L.
978-3-942772-11-2 **9,59 €** ~~15,99 €~~

Mut zur Trennung.
Plädoyer für eine mutige und produktive Entscheidung – Kinder brauchen Aufrichtigkeit.
Jutta Martha Beiner
978-3-942772-47-1 **9,59 €** ~~15,99 €~~

Homöopathie – sanfte Heilkunst für Babys und Kinder.
Homöopathische Behandlung im Alltag.
Angelika Szymczak
978-3-927372-49-8 **5,99 €** ~~19,95 €~~

BEST-SELLER

Mehr Fett!
Warum wir mehr Fett brauchen, um gesund und schlank zu sein.
U. Gonder | Dr. N. Worm
978-3-927372-54-2 **13,99 €** ~~19,95 €~~

NEU

Wechseljahre-Irrtümer.
Wie uns falsche Vorstellungen und Fehlinformationen davon abhalten, auch diese Lebensphase zu genießen.
Ulrike Gonder
978-3-95814-056-1 **15,99 €**

Volkskrankheit Fettleber.
Verkannt – verharmlost – heilbar.
Dr. Nicolai Worm | Kirsten Segler
978-3-942772-78-5 **16,99 €**

BEST-SELLER

Stopp Diabetes!
Raus aus der Insulinfalle mit der LOGI-Methode.
Katja Richert | Ulrike Gonder
978-3-927372-56-6 **16,95 €**

Stopp Diabetes! Praxisbuch.
Ernährungs- und Bewegungspläne. LOGI-Methode.
Ein besseres Leben mit Diabetes.
Katja Richert
978-3-942772-08-2 **16,99 €**

Allergien vorbeugen.
Schwangerschaft und Säuglingsalter sind entscheidend!
Dr. I. Reese | Chr. Schäfer
978-3-927372-50-4 **9,99 €** ~~14,95 €~~

Campus Food.
Vegane Studentenküche.
Anne Bühring | Kurt-Michael Westermann
978-3-942772-21-1 **12,00 €**

Ethisch Essen mit Fleisch.
Eine Streitschrift über nachhaltige und ethische Ernährung mit Fleisch und die Missverständnisse und Risiken einer streng vegetarischen und veganen Lebensweise.
Lierre Keith | Ulrike Gonder
978-3-927372-87-0 **14,99 €**

Gute Kohlenhyrate – schlechte Kohlenhydrate.
Pfunde verlieren und Energie tanken.
Barbara Plaschka | Petra Linné
978-3-927372-81-8 **12,95 €**

66 Ernährungsfallen … und wie sie mit Low-Carb zu vermeiden sind.
- in typischen Alltagssituationen
- für Büro und Freizeit
- mit Einkaufsführer im Supermarkt
- mit ausführlichem Restaurant-Guide

Barbara Plaschka | Petra Linné
978-3-927372-55-9 **15,95 €**

Low-Carb für Männer. Ein Mann – (k)ein Bauch.
Jetzt noch übersichtlicher – mit komplett überarbeiteter Kohlenhydrattabelle zum Nachschlagen.
Barbara Plaschka | Petra Linné
978-3-942772-52-5 **15,99 €**

Köstlich kochen mit Tee.
Einfache und inspirierende Rezepte.
Tanja Bischof | Harry Bischof
978-3-942772-76-1 **4,99 €** ~~8,95 €~~

nur als eBOOK

Schwer verdaulich.
Wie uns die Ernährungsindustrie mästet und krank macht.
Pierre Weill
epub: 978-3-95814-060-8
pdf: 978-3-95814-061-5 **8,99 €**

Das Kohlenhydratkartell.
Über die Diätkatastrophe, die finsteren Machenschaften der Zuckerlobby und Wege aus dem Diätendschungel.
Clifford Opoku-Afari
978-3-942772-39-6 **12,95 €**

NEU

Jod. Schlüssel zur Gesundheit.
Wiederentdeckung eines Heilmittels. Neue Power für Ihre Körperzellen.
Kyra Hoffmann | Sascha Kauffmann
978-3-95814-017-2 **14,99 €**

Entscheidend ist auf'm Teller!
Das BVB-Prinzip für optimale Fitness und maximale Energie.
Frank Fligge | Jola Jaromin-Bowe
978-3-95814-040-0 **19,99 €**

Der Paleo-Code.
Das Steinzeit-Programm.
Romy Dollé
978-3-927372-86-3 **19,99 €**

Paleo-Guide.
Kompaktes Basiswissen, Tabellen und praktische Tipps zum leichten Einstieg in ein Leben im Einklang mit den Genen.
Susanne Bader
978-3-95814-036-3 **7,99 €**

Früchtewampe.
Warum Obst und Gemüse dick machen!
Romy Dollé
978-3-942772-83-9 **19,99 €**

Iss einfach gut.
Das Prinzip Nahrungskette – einfach und pragmatisch erklärt vom Koch der Deutschen Fußballnationalmannschaft.
In Hardcover-Luxusausführung mit Moleskine Gummi und Saisonkalender als DIN-A3-Poster
Holger Stromberg
978-3-942772-50-1 **14,99 €** ~~18,99 €~~

NEU

Die Foodwerkstatt.
Ungesunde Lügen haben lange Zutatenlisten. 30 Supermarktklassiker zum Selbermachen und viele Rezepte mehr.
Sebastian Lege
978-3-95814-041-7 **19,99 €**

NEU

Low-Carb your life.
Die Lieblingsrezepte aus seiner erfolgreichen Ratgeberreihe. Mit vielen neuen Ideen und Kreationen.
Wolfgang Link
978-3-95814-027-1 **19,99 €**

Bestellen Sie direkt beim Verlag. Versandkostenfreie Lieferung.
Alle bereits erschienenen Bücher sind sofort lieferbar.
Das tagesaktuelle Programm sowie alle verbindlichen Preise finden Sie auf www.systemed.de.

Yoga & Achtsamkeit

Das Hatha Yoga Praxisbuch.
Für Einsteiger und Fortgeschrittene.
Marcel Anders-Hoepgen
978-3-95814-035-6 **29,99 €**

Sampoorna Hatha Yoga Stunde. (DVD)
Stufe 1
Marcel Anders-Hoepgen
978-3-927372-64-1 **17,95 €**

Sampoorna Hatha Yoga Stunde. (CD)
Stufe 1
Marcel Anders-Hoepgen
978-3-927372-65-8 **9,79 €** ~~14,95 €~~

Sampoorna Hatha Yoga Stunde. (DVD)
Leichte Mittelstufe
Schwerpunkt: Dehnung der Hüften
Marcel Anders-Hoepgen
978-3-942772-04-4 **17,95 €**

Hatha Yoga Stunde. (DVD)
Leichte Mittelstufe
Schwerpunkt: Kraftaufbau
Marcel Anders-Hoepgen
978-3-927372-84-9 **17,99 €**

Hebammen Yoga.
Übungen zur Geburtsvorbereitung und Rückbildung. *Inkl. Mantra-Audio-CD.*
Marcel Anders-Hoepgen
978-3-927372-99-3 **5,99 €** ~~19,99 €~~

Hebammen Yoga. (Doppel-DVD)
Übungen zur Geburtsvorbereitung und Rückbildung.
Marcel Anders-Hoepgen
978-3-942772-03-7 **16,95 €**

Nada-Yoga-Musik-Reihe.
Marcel Anders-Hoepgen

Eternal OM (CD)
978-3-942772-16-7 **9,99 €**

Shanti (CD)
978-3-942772-29-7 **9,99 €**

Runterkommen (CD)
978-3-942772-17-4 **9,99 €**

Gelassenheit (CD)
978-3-942772-15-0 **9,99 €**

Marcel Anders-Hoepgen

Besser schlafen. (CD)
Entspannung für die Nacht.
978-3-942772-25-9 **9,99 €**

Gut schlafen. (CD)
Entspannung für die Nacht.
978-3-927372-62-7 **9,95 €**

Kraft tanken. (CD)
Entspannung für den Tag.
978-3-927372-61-0 **7,99 €**

Sonnengruß, Teil 2. (DVD + CD)
Der perfekte Stressabbau.
Marcel Anders-Hoepgen
978-3-927372-97-9 **9,99 €** ~~16,95 €~~

Sonderedition

Der Sonnengruß. (Doppel-DVD)
Work-Out für den Morgen voller Energie und Kraft. Entspannung für den Abend und guten Schlaf.
Marcel Anders-Hoepgen
978-3-95814-067-7 **17,99 €**

Die Yogi-Methode.
30-Tage-Challenge zur achtsamen Ernährung.
Vegan – ayurvedisch – yogisch.
Marcel Anders-Hoepgen
978-3-942772-69-3 **19,99 €**

Yoga: Jeden Tag neu!
Über 100.000 mögliche Kombinationen für Übungseinheiten à 5 bis 10 Minuten.
Marcel Anders-Hoepgen
978-3-927372-69-6 **13,99 €** ~~28,00 €~~

Marcel Anders-Hoepgen

Bauchmuskulatur stärken (CD)
978-3-927372-75-7 **8,95 €**

Gleichgewicht (CD)
978-3-927372-72-6 **8,95 €**

Oberen Rücken stärken (CD)
978-3-927372-73-3 **8,95 €**

Unteren Rücken stärken (CD)
978-3-927372-74-0 **8,95 €**

Anti-Stress-Yoga.
Kartenbox mit 18 Rezepten und 56 Asanas.
Petra Orzech
978-3-942772-85-3 **14,99 €**

Der Glücksvertrag
Das 21-Tage-Programm. Ein glückliches Leben in Balance dank einer Formel aus Psychologie und fernöstlicher Heilkunst. *Inklusive DVD.*
A. Mehta | G. Brüggemann
978-3-942772-14-3 **5,99 €** ~~19,99 €~~

Rücken for fit.
Das 30-Tage-Programm für einen schmerzfreien Rücken in nur fünf Minuten pro Tag. *Inklusive Übungs-DVD.*
Marcel Anders-Hoepgen
978-3-942772-53-2 **14,99 €** ~~19,99 €~~

Yoga X-Large.
Auch Dicke können Yoga machen! Yoga- und Bewusstheitsübungen für Menschen mit Plus-Size-Körpern.
Birgit Feliz Carrasco
978-3-942772-77-8 **17,99 €**

Schlank durch Achtsamkeit.
Durch inneres Gleichgewicht zum Idealgewicht.
Ronald Pierre Schweppe
978-3-942772-90-7 **14,99 €**

Achtsam abnehmen.
33 Methoden für jeden Tag.
Ronald Pierre Schweppe
978-3-942772-99-0 **12,99 €**

Warum Stress dick macht
… und warum wir entspannt schneller abnehmen.
Ronald Pierre Schweppe
978-3-942772-51-8 **9,75 €** ~~12,99 €~~

Der Burnout-Irrtum
Ausgebrannt durch Vitalstoffmangel
Burnout fängt in der Körperzelle an!
Das Präventionsprogramm mit Praxistipps und Fallbeispielen.
Uschi Eichinger | Kyra Hoffmann
978-3-95814-042-4 **19,99 €**

Die Anti-Stress-Ernährung.
Die LOGI-Methode zur Stressbewältigung.
Mehr Power für die Körperzellen.
Uschi Eichinger | Kyra Hoffmann
978-3-95814-032-5 **19,99 €**

Glückliche Kinder.
Erziehung in Liebe und Achtsamkeit.
Aus der Reihe »mitGefühl«
Ronald Pierre Schweppe
978-3-95814-000-4 **7,99 €**

Starke Partner.
Beziehung in Liebe und Achtsamkeit.
Aus der Reihe »mitGefühl«
Aljoscha Long
978-3-95814-001-1 **7,99 €**

Dauerhaft schlank.
Ernährung mit Liebe und Achtsamkeit.
Aus der Reihe »mitGefühl«
Dr. Julia Bollwein
978-3-95814-002-8 **7,99 €**

Selbstheilung.
Gesundheit durch Liebe und Achtsamkeit.
Aus der Reihe »mitGefühl«
Fei Long
978-3-95814-003-5 **7,99 €**

systemed Verlag
Kastanienstraße 10
D-44534 Lünen
Telefon 02306 63934
Telefax 02306 61460
www.systemed.de
faltin@systemed.de

systemed verlag

Impressum

Redaktion: systemed Verlag, Lünen
systemed GmbH, Kastanienstr. 10, 44534 Lünen
Lektorat: Susanne Bader, Weißach

Fotografie: Studio Reiner Schmitz, München
Foodstyling: Marcel Sumpf, München
Stockfotografie: www.fotolia.de

Umschlaggestaltung: Hauptmann & Kompanie Werbeagentur, Zürich
Satz: A flock of sheep, Lübeck

Druck: Hitzegrad Print Medien und Service GmbH, Dortmund
ISBN: 978–3–95814–033–2

4. Auflage

Hinweis: Alle Informationen und Hinweise, die in diesem Buch enthalten sind, wurden von der Autorin nach bestem Wissen erarbeitet und von ihr und dem Verlag mit größtmöglicher Sorgfalt überprüft. Unter Berücksichtigung des Produkthaftungsrechts müssen wir allerdings darauf hinweisen, dass inhaltliche Fehler und Auslassungen nicht völlig auszuschließen sind. Für etwaige fehlerhafte Angaben können die Autoren, Verlag und Verlagsmitarbeiter keinerlei Verpflichtung und Haftung übernehmen. Korrekturhinweise sind jederzeit willkommen und werden gerne berücksichtigt.

systemed verlag

LOGI® DAS ORIGINAL BEI SYSTEMED